中国体育文化丛书

中华民族节日民俗体育

于兆杰　于辰宜　◎编著

中国纺织出版社有限公司

前言

民俗源于人类社会群体生活的需要，在特定的民族、时代、地域中不断形成、扩展和演变，为民众的日常生活服务。民俗是民众习得、传承和积累文化成果的一种主要方式。

节日民俗顾名思义就是在民间流行的风尚、习俗，是指一个民族或一个社会群体在长期的生产实践和社会生活中逐渐形成，并世代相传、较为稳定的特定岁时文化事项。

节日民俗文化既丰富了人们的节日生活，又增加了民族凝聚力，具有物质生活价值、精神生活价值和社会生活价值。中国是一个具有悠久历史民俗文化传统的国家，在中国各民族的节日活动中，都有广大人民群众创造的各类节日民俗文化，代代传承。传统节日里的民俗文化活动不仅丰富了人们的生活，还增强了民族凝聚力。

民俗体育是民俗文化最为活跃的因素之一，是植根于民众和民间的原生态体育文化。民俗体育活动是以消遣休闲、观赏娱乐、调剂身心为主要目的，且又有一定范式的民俗活动，是一种社会文化现象。

传统节日民俗文化和节日体育活动是中华民族悠久历史发展的产物，是民族传统文化的重要组成部分。它产生于劳动人民长期的生产实践和社会生活，随着多民族文化的相互交融和渗透而不断传承与演进。我国传统节日的起源发展和节气、原始崇拜、禁忌等风俗，以及宗教、神话传奇故事有着密切的关系。经过漫长的发展，传统节日逐渐从原始祭拜、禁忌、宗教等神秘的气氛中解放出来，转为娱乐、礼仪、休闲、欢庆的佳节。许多带有祭祀、宗教色彩的娱神活动逐渐演变为娱人、丰富多彩、特色鲜明的民间体育活动，并成为一种时尚流行开来，这些风俗一直延续发展，经久不衰。因此，传统节日的民俗体育活动中蕴含了丰富的文化内涵，传承了独特的民族精神和意识。

民俗体育在漫长的发展演变过程中，形成了鲜明的民族风格，被融入了年岁节庆活动中而形成节日民俗体育，使得民众百姓日常活动的形式更加健康、内容更加丰富。它是人类在具备起码的物质生存条件的基础上，为满足精神需求而进行的文化创造。民俗体育既包括简单易行、具有随机性的游戏，又有因时因地、自由随意的嬉耍，还有技艺高超、规则严格的竞技活动。

民俗体育多在民族节日中开展是其一显著特点，"节日"是展示民族民间文化艺术的大舞台。蕴含体育活动的表演和仪式是节日文化活动中最为活跃的因素，传统节日是民间体育活动得以发展的一个重要的载体。

我国是一个多民族的国家，在中华民族大家庭的传统文化宝库中蕴含了种类繁多、形式多样的节日民俗体育活动及其丰富的文化内涵。节日民俗体育活动在其产生、发展过程中不断地满足各民族人民的各种社会需求，体现出多样性的价值和功能。总体来讲，节日民俗体育可以促进人的成长、社会和谐、民族凝聚，有利于锻炼人的精神意志，形成符合社会整体意识的人生认知和价值观等。

我国有56个民族，众多的民族节日体育项目充分体现了中华民族多元、丰富的文化价值观和审美理想，是我们珍贵的文化财富。然而，在现代社会政治、经济、文化等多种因素的作用下，我国社会正发生着转型的历史性巨大变迁，我国的文化生态正在发生巨大变化，文化遗产及其生存环境受到严重威胁。一些传统文化日渐式微，甚至逐渐湮灭。随着一些传统节日活动的淡化，传统节日里的一些民俗体育文化特性正在逐渐消失，部分少数民族民俗体育项目甚至走向消亡，离我们的时代远去。2005年，国务院下发了关于保护非物质文化遗产的系列文件，提出要从"对国家和历史负责的高度"和"维护国家文化安全的高度"来保护我国民族非物质文化遗产。众多节日民俗体育的活动项目是国家级、省市级"非遗"项目。当前，在我国非物质文化遗产保护工程的实施下，关注和研究中华民族文化大家庭的民俗体育项目，对于我国传统民俗文化活动的继承保护和传承发展意义重大。

弘扬民族文化离不开节日民俗体育的传承和发展，很多的民俗体育具有极高的社会价值和文化价值，其活动蕴含着人类社会发展遗传下来的寓意和表达。在国家大力提倡非物质文化遗产传承与保护的今天，把一些价值高的民间、民俗体育整理出来，进行系统梳理，并将其打造成特色活动项目进行推广和弘扬，无疑是对民族文化的升华和凝练。许多节日民俗体育在悠久的发展、传播过程中，不仅由一个民族、一个地区拥有，而是在多民族和地区都形成了大同小异的同一属性的民俗体育活动，如抽陀螺、踢毽子、赛龙舟、舞龙、舞狮等。民俗体育作为一种文化载体，发挥着民族间相互联系和交流的桥梁与纽带作用。

作者
2025年1月于广州

目录

第一章	中华民族节日民俗概述	001
第一节	民俗的基本内涵	002
第二节	节日民俗	006

第二章	节日民俗体育概述	011
第一节	节日民俗体育的特点	012
第二节	节日民俗体育的价值	014

第三章	中国传统节日体育文化	019
第一节	中国传统节日中的民俗体育	020
第二节	中国传统节日体育的文化内涵	023

第四章	春节民俗体育	027
第一节	春节概说	028
第二节	春节源起与传说	029
第三节	春节民俗活动	031
第四节	春节民俗体育活动	035

第五章	元宵节民俗体育	053
第一节	元宵节概说	054
第二节	元宵节源起与传说	054
第三节	元宵节民俗活动	057
第四节	元宵节民俗体育活动	060

第六章	清明节民俗体育	071
第一节	清明节概说	072
第二节	清明节源起与传说	073
第三节	清明节民俗活动	074

第四节　清明节民俗体育活动···075

第七章　端午节民俗体育···087
第一节　端午节概说···088
第二节　端午节源起与传说···089
第三节　端午节民俗活动···092
第四节　端午节民俗体育活动···093

第八章　中秋节民俗体育···103
第一节　中秋节概说···104
第二节　中秋节源起与传说···105
第三节　中秋节民俗活动···106
第四节　中秋节民俗体育活动···109

第九章　重阳节民俗体育···115
第一节　重阳节概说···116
第二节　重阳节源起与传说···117
第三节　重阳节民俗活动···118
第四节　重阳节民俗体育活动···121

第十章　冬至民俗体育···125
第一节　冬至概说···126
第二节　冬至源起与传说···127
第三节　冬至民俗活动···128
第四节　冬至民俗体育活动···130

参考文献···135

第一章

中华民族节日民俗概述

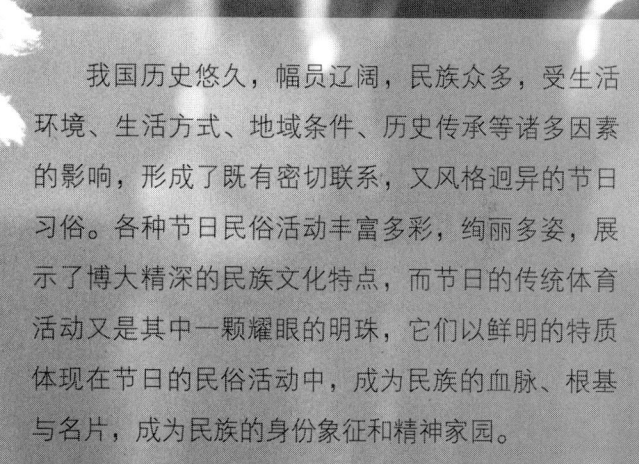

我国历史悠久，幅员辽阔，民族众多，受生活环境、生活方式、地域条件、历史传承等诸多因素的影响，形成了既有密切联系，又风格迥异的节日习俗。各种节日民俗活动丰富多彩，绚丽多姿，展示了博大精深的民族文化特点，而节日的传统体育活动又是其中一颗耀眼的明珠，它们以鲜明的特质体现在节日的民俗活动中，成为民族的血脉、根基与名片，成为民族的身份象征和精神家园。

每个民族、每个国家，都有一种精神、一种气象，不仅体现在政治上、经济上，而且深刻体现在文化上，鲜活地体现在大俗大雅的民俗文化中。这种具有特质的民俗文化气象和风采，异彩纷呈、气势宏伟、雅俗共赏❶。

---

❶ 高天星. 中国节日民俗文化[M]. 郑州：中原农民出版社，2008：1.

第一节　民俗的基本内涵

一、民俗的概念

民俗即民间风俗，指一个民族、一个社会群体，或者一个国家在长期的生产实践和社会生活中逐渐形成的，为广大民众所创造、享用并世代相传、较为稳定的文化事项，可以简单概括为民间流行的风尚、习俗。

民俗起源于人类社会群体生活的需要，在特定的民族、时代和地域中不断形成、扩展和演变，为民众的日常生活服务。民俗是民众习得、传承和积累文化成果的一种主要方式。在中国，"民俗"一词很早就已出现，如《礼记·缁衣》："故君民者，章好意以示民俗。"《史记·循吏列传》："楚民俗好庳车。"《汉书·董仲舒传》："乐者，所以变民风，化民俗也。"❶

二、民俗的分类

民俗所涉及的领域非常广泛，民俗事项纷繁复杂，遍及经济、社会、制度和意识形态等，且大都附有一定的民俗行为和有关的心理活动，总体可分为以下四类。

（一）物质民俗

物质民俗指人民在创造和消费物质财富过程中所不断重复的、带有模式性的活动，以及由这些活动产生的带有类型性的产品形式，如生产民俗、饮食民俗、居住民俗、医药保健民俗等。

（二）社会民俗

社会民俗也被称为社会组织及制度民俗，指人们在特定的条件下结成的社会关系惯例，它所关涉的是从个人到家庭、家族、乡里、民族、国家乃至国际社会在结合、交往过程中使用并传承的集体方式。如社会组织（血缘组织、地缘组织等）民俗、社会制度（习惯法、人生礼仪等）民俗、岁时节日民俗和民间娱乐习俗等。我国的传统体育活动，既有岁时节日特点又具有娱乐性质。

---

❶ 钟敬文. 民俗学概论[M]. 2版. 北京：高等教育出版社，2016：3.

（三）精神民俗

精神民俗指在物质文化与制度文化基础上形成的意识形态方面的民俗。它是人类在认识和改造自然与社会过程中形成的心理经验，这种经验一旦成为集体的心理习惯，且表现为特定的行为方式并世代相传，就成为精神民俗。

精神民俗包括民间信仰、民间巫术、民间哲学伦理观念以及民间艺术。

（四）语言民俗

语言民俗指通过口头约定、集体传承的信息交流系统，包括民俗语言和民间文学❶。

三、民俗的社会功能

民俗主要有教化、规范、维系和调节的社会功能。

（一）教化功能

指民俗对人类个体在社会文化过程中所起的教育和模塑作用。

个体的人不可能离开社会单独存在，人类个体的发展也就是其社会化的过程，而民俗作为一种文化模式要求人们遵照执行，民俗文化一旦成为某种文化模式，就会有超常的权威性，在人的社会化过程中占有决定性的地位，人的一生都会受到民俗的教育影响。

（二）规范功能

指民俗对社会群体中每个成员的行为方式具有约束作用。民俗是一种行为规范，对人们的思想影响很大，看似是一种极为普通的生活方式的民俗，却可能是一个族群独特的思想文化的起点和思考的原型❷。

民俗的作用在于根据特定的条件，将某种方式予以肯定和强化，使之成为一种群体的标准模式。民俗是起源最早的一种社会规范，也是约束范围最广的行为规范。

（三）维系功能

指民俗统一群体的行为与思想，使社会保持稳定，使群体内所有成员保持向心力与凝聚力。

在社会生活的时代交替中，民俗作为一种传承文化，不断被后代复制，由此保持社会生

---

❶ 钟敬文. 民俗学概论[M]. 2版. 北京：高等教育出版社，2016：6.
❷ 柯玲. 中国民俗文化[M]. 北京：北京大学出版社，2011：2.

活的连续性，并且这种民俗文化会因外部环境与内部情况的变化而不断调整。民俗不仅统一着社会成员的行为方式，更重要的是维系着群体或民族的文化心理。每一个民族或社会群体，都生活在特定的自然条件与社会环境中，有自己独特的历史道路，因而形成特定的集体心理❶。

（四）调节功能

指通过民俗活动中的娱乐、宣泄、补偿等方式，使人类的社会生活和心理本能得到调剂的作用。

民俗的娱乐功能显而易见，人类创造了文化，目的就是为了享用它。民俗生活中的游戏、文艺、体育民俗等是人类生活的调节剂。

民俗还具有宣泄功能，如泼水节中的丢包、扭棍、抵棍、竹编等传统体育活动，那达慕大会中的摔跤、赛马、射箭、套马、叼羊等民族传统项目，以及民间的斗鸡、斗牛和下棋等，人们参与其中，都能起到宣泄情绪的作用。

四、民俗的基本特征

民俗具有集体性、区域性、传承性、变异性、规范性、服务性的基本特征。

（一）民俗的集体性

人的根本属性是其社会性，人是社会性的人，由人类群体活动而形成的民俗文化自然具有集体性。民俗由特定的群体不断创造、完善、享用、传承和保护，形成了人类社会丰富多彩的民俗文化和人文景观。如节日的各种民俗活动均有集体性的特点。集体性体现了民俗文化的整体意识，也决定了民俗的价值取向，这是民俗文化的生命力所在❷。

民俗的集体性源远流长，原始的自然崇拜、图腾崇拜是部落群体共同参与创造和传承的，一直延续至今，它完全靠一代又一代集体的心理、语言和行为传承下来，诸如服饰、饮食、居住、岁时节日和人生礼仪民俗等。

（二）民俗的区域性

民俗具有鲜明的地域特征，由于自然地理的阻隔和政治、经济、社会等因素的影响，使得民俗的产生、发展具有一定的地域差异性。正所谓"十里不同风，百里不同俗"。端午节

---

❶ 钟敬文．民俗学概论[M]．2版．北京：高等教育出版社，2016：9．
❷ 钟敬文．民俗学概论[M]．2版．北京：高等教育出版社，2016：11．

时汨罗江畔祭屈原，吴地纪念孝女曹娥，浙地纪念伍子胥等；舞狮分为南狮和北狮，均是地域民俗发展变化的结果。

（三）民俗的传承性

民俗文化的传播主要依靠言传身教。如民间故事、歌谣、谚语等。民俗文化的传承，是由其功能决定的，这种功能系统体现着教化的作用，传承是其中的一种形式和手段。

在传统社会与现代社会中，每个人的成长都离不开民俗文化的教化和熏陶，各种节日里的传统活动，人们从孩提到成人无不是耳濡目染、潜移默化地受到影响。诸如春节的各种娱乐活动的传统，还有节日的一些特殊活动和习俗：九九重阳登高、饮菊花酒、元宵闹花灯、舞龙灯等。

（四）民俗的变异性

民俗在传承和传播的过程中，随着内外条件的变化，民俗也会产生一定的变化，这就是民俗的变异性。

变异实际上是民俗文化机能的自身调适，也是民俗文化的生命力所在。存在于现代社会中的种种民俗事项，大都是古代民俗变异流传的结果。古代祭祀活动中，各种具有宗教色彩的舞蹈，原本发挥敬神、娱神之功能。随着社会的发展，原有的宗教成分逐渐淡化，而娱人的功能日益凸显。

（五）民俗的规范性

民俗是民众共同创造和遵守的行为规则。民俗文化中的种种行为模式是在民众生活中约定俗成，因而具有相当的稳定性。民俗文化是一种适应性文化，表现为适应民众集体心理和生存需要的相对稳定的模式，这种模式约定俗成，既能起到对民众的侍奉作用，又具有不成文法的强制和约束力量。

民俗规范性的形成，是受到人们经验和观念的支配，将经验和观念变为规范的过程，就是民俗文化中经常见到的对某一民俗的约定俗成。

（六）民俗的服务性

民俗文化在规范民众的同时，具有满足民众需求的功能。民俗文化的创造是服务于社会的。人的社会性主要表现为行为的社会性，作为规范了的行为，是为社会的需要服务的。民俗文化服务于生产和实践。

第二节　节日民俗

节日民俗的形成有两项必不可少的要素，一是相对固定的节期；二是节期中特定的民俗活动，这种民俗活动年年重复、代代相传。节期的选择、节俗活动的形成与发展，显示出自然规律对人类生活的制约及人对自然的适应与把握[1]。节日民俗是中华民族民俗文化的主要组成部分。

一、节日的形成

节日，主要指天时、物候的周期性转换并和转换相适应、在人们社会生活中约定俗成的、具有特定风俗活动内容的时日。不同的节日有不同的民俗活动，是以年度为周期的循环往复，周而复始。相对稳定和固定的时日，有特定的民俗活动，是民俗节日不可或缺的两个要素。从起源看，节日的选择、民俗活动的开展，都显示了自然规律对人们社会生活的自由，以及人们对自然的适应和社会生活的把握与抉择。

节日的形成、演变与发展，经历了漫长的历史，是以天文、历法、社会生活及文化知识为基础的。我国是世界上最早进入农耕社会的国家之一，农业生产要求人们掌握比较准确的农时季节，这对节日的形成与演变，具有极为重要的作用。人们在观察、总结这些自然现象周期性变化规律时，积累了丰富的天文知识，进而整理、测算，根据日月运行规律对时间进行精确的量度，从而发明和制定了历法。

我国早在殷墟甲骨文中，就可看到古代的历法纪年。我国古籍对节气的记载中有大量关于岁时节日的记载。日出日落是一天，月圆月缺为一月，寒来暑往，农作物由播种到成熟，成为一年。我国古代农历一年分为十二个月，十二个月又分为二十四节气。这样便系统而完整地构成了一年四季、十二个月、二十四节气、七十二候、三百六十五天，成为岁节令的计算基础。其中的一些节令发展、演变，形成了我国传统的民族节日。

与二十四节气同时间的节日，主要表现在各季各月的朔、望之间，确定节日的标准，是以月的朔、望、圆、缺来决定的。朔为上口，是各月的初一，又称"元日"。正月朔日，便叫"元旦"，也就是农历新年的开始，传承至今，称为春节。望日月圆，为各月的十五，上元节是一年的第一个望日，人们庆祝祭祀，经过不断发展和演变，成为元宵节。七月十五日被称为中元节。八月望日是八月十五中秋节。每逢五之日都称午，其中五月初五为"重午"，也称午日，这便是民俗的端午日、端午节。

---

[1] 钟敬文. 民俗学概论[M]. 2版. 北京：高等教育出版社，2016：102.

我国古代岁时节日有很多，但并不是所有的干支日都有庆祝祭祀活动。我国历代的种种信仰，有一些干支不但不能定为节日，反而成为民俗忌日。如每月的子日、卯日为"恶日"；亥日在民间往往定为集贸之日。

我国节日的最初形成，是与自然现象的变化规律、农业农事、社会生活密切相关的。俗随时变，并伴随着产生了相应的禁忌、占候、祭祀、庆祝活动。但在岁月的发展过程中，社会、政治、经济、军事、科技、文化等许多因素都对节日习俗的演变产生了影响，逐渐形成了节日里特定的行为方式和习俗仪式。

在我国民俗文化中有几条规律：第一，是农事祭祀节日的习俗规律；第二，是宗教节俗的规律；第三，是民族生活习俗的规律。这些规律互相渗透，相互影响，并逐渐包容融合，形成了我国丰富多彩的民族民俗节日。这些节日的民俗活动在漫长的传承过程中，因地域、时间、习惯、审美等条件的不同，被人们加以诠释和丰富，并不断出现新的内容，从而又形成了不同类型的节日。

在节日的发展过程中，还形成了不同性质和不同类型的节日。按节日性质的不同，可分为单一性节日、复合性节日和综合性节日。按节日的内容来分，有农事节日、祭祀节日、纪念节日、庆贺节日、社交节日、游乐节日等。按季节气候分，又可分为反映季节的节日，如二分（春分、秋分）、二至（夏至、冬至）和四立（立春、立夏、立秋、立冬）；有反映气候特征的节日，如小暑、大暑、处暑、小寒、大寒等节日。有反映物候现象的节日，如小满、芒种反映了农作物的成熟和收成，惊蛰、清明反映了自然物候现象，尤其是惊蛰，它以天上的初雷和地下蛰虫的复苏，向天地万物和人间传播春回大地的信息❶。

二、节日民俗的源起

节日民俗是指一定社会人群，在一年四季因时序的变化而进行的各种节会、节庆的民俗活动。岁时民俗一般有固定的节气和传承性的民俗活动，岁时节庆、节日民俗是一种综合性的民俗活动，包含的内容有信仰、生产、生活、礼仪和社会活动的俗信等。节日民俗的源起与人的自然崇拜、宗教信仰、生产劳动及军事战争有着密切的关系。

（一）源于自然崇拜

节日民俗的产生与人类早期的原始信仰观念直接相关。远古时代，人们总是不能把自己和大自然分离开来，对自我力量和自我意识还十分模糊，对于自然界的种种形象无法解释，也无法驾驭，因而将自然力当作一种超自然的神力加以崇拜。

---

❶ 高天星. 中国节日民俗文化[M]. 郑州：中原农民出版社，2008：1.

鲁迅先生在《中国小说的历史变迁》里说:"原始氏族对于神明,渐因畏惧而敬仰,于是歌颂其威灵,赞叹其功烈。"古人认为一切存在物和自然现象中都具有一种神秘的属性,即"万物有灵"。日月星辰都是古人崇拜的对象,殷人对日神有朝夕迎送的礼拜仪式,周人改为定期祭祀,《礼记·月令》记载:"天子春朝日,秋夕月。朝日以朝,夕月以夕"。还有时把日月星三光一起祭祀,《周礼·大宗伯》,记载:"以实柴祀日、月、星、辰"。《尔雅·释天》:"祭星曰布。"这种原始的祭星、拜月活动,与后来的中秋赏月、七夕拜星习俗应是一脉相承的。

随着社会的进步,人类对自然认识的不断发展,宗教观念渐趋淡漠,祭祀活动日益失去其严肃性,由娱神向娱人过渡,最终演变成民间娱乐项目。"社火"源于古老的土地崇拜。"社"指的是土地神,在祭祀土地神的"社日",进行歌舞娱乐活动,也就是俗称的"闹社火"。社火活动中最富有民族特色、最令人振奋的是"龙舞",它源于古人的崇龙心理,常与求雨相联系,反映了以农为业的中华民族渴望减少旱涝灾害,祈求农业丰收的愿望。舞龙的目的虽然在于取悦神灵,但这种活动亦包含了音乐和舞蹈等因素。在云南出土的青铜贮贝器上,刻画了人们聚集在"社祭"的场地,或载歌载舞,或饮食忙碌,一派节日景象。社祭是地母崇拜的一种形式。这种对土地祈求丰收或动物捕获的祭祀仪式,大多演变成农事祭祀性节日,至今在许多民族的传统节日里得到保留。

(二) 源于生产劳动

人类战胜自然、发展自然的一切生产活动都可以称之为劳动。大量的娱乐游戏项目皆源于劳动。人类在狩猎时代,出发之前模拟猎获野兽的场景,预祝狩猎成功。打猎归来,载歌载舞,庆祝猎获的丰收。后世节日社火中模拟禽兽的表演,大都脱胎于这类模拟活动的形式。以及后来的许多娱乐性项目如投掷、射箭、骑马等都是狩猎活动的再现。

在农耕时代,人们常常在农业生产的播种和收获季举行祈福和庆祝活动。古人认为农业的栽培、收割、丰收是得助于神,农业的灾害、减产、病萎是鬼魔所致。这样的精神认知,必定产生人们在农业生产上的祈祷、祭奠、驱邪、禳灾等宗教活动,随着这些活动的规范化,各种各样与农事活动相关的节日也就产生了❶。

如广西侗族在春耕之前有"舞春节"。立春之日,人们载歌载舞,将制作的春牛送到各户,并在寨子的广场进行欢腾的春牛舞会。又如在每年农历元月24日前后,哈尼族举行的"苦扎扎"节,又叫"元月节",是哈尼族预祝五谷丰登的节日活动,节日期间,人们,特别是年轻人身着节日盛装,成群结队地去参与磨秋、荡秋千、摔跤、唱歌、跳舞,选择意中人,尽情欢乐。

---

❶ 周伟良. 中华民族传统体育概论高级教程[M]. 北京:高等教育出版社,2003:198.

（三）源于军事战争

"寓武于娱"的竞技项目的形成，大多与军事训练相关。角抵戏的传说与黄帝战蚩尤有关。北宋时期的"相扑"就是当时的军事训练内容。击鞠是指骑马持杖击球，相互攻守，以攻球入门为胜的竞技。击鞠自汉代列入兵家，用于练兵，迄宋一直如此。

三、节日民俗活动特点

我国的传统节日历史悠久、流传面广，具有极大的普及性、群众性，甚至全面性的特点。

节日的形成与发展，受诸多因素的影响。有些节俗产生的渊源可能是单一性的，而后世发展及现时存在形态又是综合性的。

（一）具有鲜明的农业文化特色

我国是传统的农业国家，我国的传统节日也是基于农业文明而产生的。岁时节日是农业社会生产、生活规律的一种特殊表现形式，与春种、夏锄、秋收、冬藏的生产节律相应，民间的节日中，也便有了春祈、秋报、夏伏、冬腊的岁时性生活节律❶。于是就有了新岁开春，万物复苏，此期间农事无多，农家生活相对清闲。人们祭天敬祖，拜大年、赏花灯、闹社火，郊游踏青、临水祓禊，在各种春日活动中祈盼秋天的好收成和一年美好的日子。入夏，农事渐忙，春夏交替，疾病易生，便有了端午驱邪避瘟、除恶祛毒的习俗活动。秋季是收获的季节，人们喜获丰收，满心喜悦则荐新祭祖、团聚赏月、饮酒登高，以答谢神灵和犒劳自己。冬日里人们仓廪丰足，禽畜满圈，人们整米磨面、酿酒烧肉、"送寒衣""履尊长""数九"消寒、饮酒"扶阳"。直到喝完"腊八粥"，又开始准备"忙年"——新一轮的循环又重新开始❷。

一年四季所有的节日都顺应着岁时节候的变化，自然和谐地应和着农业生产的节奏。

（二）重视伦理与人情

我国的传统节日的众多礼俗，处处体现着对伦理和人情的重视。在所有的节日里，祭祖是不可或缺的内容，春节、元宵、寒食、清明、端午、中秋、重阳等节日里，人们庙祭、墓祭、洒扫焚香或望空禀祝。人们通过各种节日的祭拜，表达后辈的缅怀与追思。这些活动无疑又深化和巩固了人们的家族意识和血缘亲情。

---

❶ 钟敬文. 民俗学概论[M]. 2版. 北京：高等教育出版社，2016：117.
❷ 钟敬文. 民俗学概论[M]. 2版. 北京：高等教育出版社，2016：117.

节日活动中，家人团聚，共同参与各类民俗活动，天伦之乐得到极大体现。新年给长者拜年、给孩童的压岁钱，端午节大人给儿童涂抹雄黄、戴艾辟邪等。亲戚邻里在节日里互送礼品，端午的粽子、中秋的月饼、重阳的花糕，礼尚往来，情深义重，从而产生一种强烈的认同感和亲和力。

（三）内容和功能呈现复合型发展

节日民俗的产生与各种原始信仰、宗教、祭祀有着密切的联系。早期节俗意在敬天、祈年、驱灾、辟邪，节日的歌舞狂欢意在娱神、崇神、敬神。随着生产力的发展和人们认知水平的提高，民俗活动娱神功能减弱，而娱人成分逐渐增强。节日也逐渐从避忌、防范的神秘气氛中解脱出来，而成为人神共欢的日子。如爆竹不再是驱鬼的手段，而是欢庆娱乐的工具；元宵节的祭神的灯火，发展成为人们游乐观赏的花灯；重阳节的避祸发展成为远足登高的健身活动；祭祀的社火、庙会，成为人们交易、聚集、社交的娱乐盛会。

传统节日是民众集体创造的文化产品，是古代信仰物化形态的一种遗留，同时它是一种生活节奏，一种逐渐形成的自我调节机制。在现实生活中，岁时节日虽已逐渐失去了早先的信仰内核，但许多传统节俗却依然存活在民众生活中，并且随着时代的发展，从内容到形式都更加深刻多样[1]。

---

[1] 钟敬文．民俗学概论[M]．2版．北京：高等教育出版社，2016：119．

第二章
节日民俗体育概述

民俗体育，是以消遣休闲、观赏娱乐、调剂身心为主要目的，且又有一定模式的民俗活动，是一种社会文化现象。它是人类在具备起码的物质生存条件的基础上，为满足精神的需求而进行的文化创造。民俗体育既包括简单易行、具有随意性的游戏，又包括技艺高超、规则严格的竞技活动。

民俗体育的产生发展，与人们的生活方式和社会习俗有着密切的联系，与人们的生产生活、文化活动紧密相连。民俗体育在漫长的发展演变过程中，形成了鲜明的民族风格，被融入了年岁节庆活动中形成节日民俗体育，成为民众百姓日常活动的密切组成部分，这不仅使节日活动的内涵更加充实，而且使节日从内容到形式更加健康、更加丰富[1]。

---

[1] 周伟良. 中华民族传统体育概论高级教程[M]. 北京：高等教育出版社，2003：209.

第一节 节日民俗体育的特点

传统节日民俗体育是我国传统节日文化发展的产物，它于各民族的社会风气、社会方式的土壤中获得滋养。其产生、发展、演变及其组织形式和活动方法，都有民族性、地域性、传承性和实用性的特点。

一、民族性

首先，节日民俗体育具有的民族特色是民族悠久历史的体现。中国是一个统一的多民族国家，有着四千多年的文明发展与博大精深的文化传统。各民族丰富多彩的传统节日和民俗体育构成了中国传统节日和民族传统体育的整体。而各个民族所形成的传统节日和期间的体育活动又各具特色，表现出各民族文化的独特性。如苗族的跳月和芦笙会、蒙古族的那达慕大会、哈萨克族的弹唱会等。又如舞龙是许多民族的民俗体育活动内容，但各个民族的舞龙又各不相同：侗族的舞龙头、瑶族的舞人龙、景颇族的舞蛇龙，还有土家族的草把龙、板凳龙。

其次，节日民俗体育具有中华民族多元一体的特征，是多民族文化的摇篮。中华民族多元一体的特征在民俗体育里得到充分体现：在中华传统文化里，龙是中华民族的象征，中华民族被称为龙的传人。在广大的民众心目中，龙具有呼风唤雨、消灾除魔的神通，是吉祥的象征。中华大地几乎所有民族在喜庆之日都有舞龙的习俗。传统节日的民俗体育是民族文化的主要组成部分，民俗体育与民族有着不可分离性，节日民俗体育也是民族文化的重要标志。民俗体育作为民族特有的文化符号，以各种方式在民族中流传下去，世代相继产生影响。

二、地域性

地理环境是人们赖以生存和发展的物质基础。农耕时代，各民族的生产方式在很大程度上受地理环境的影响和制约，在不同的生活环境里，人们在与自然界的斗争中，形成了不同的民族文化特色。不同区域及不同民族在相同的节日里形成了不同的民俗体育内容，显示民俗体育的又一特性——地域性。我国幅员辽阔，环境变化多样，地理环境的差异也产生了形态各异的节日民俗体育内容。在我国的东北，林木茂盛、山峦起伏、气候寒冷，不少地区常年积雪，节日岁时冰上、雪上项目是其特有的活动项目，出现了形式各异的溜冰、滑雪等传统体育项目；不同民族在这片土地上创造性地发展体育活动，如朝鲜族的秋千、跳板，鄂伦春族的射击、爬犁等。内蒙古有着广阔的草原，产生了赛马、赛骆驼、射箭摔跤等体育内容；西北地区则是草原广阔、沙漠绵延，形成了众多的马术项目，如赛马、赛牦牛、射箭、叼羊、追姑娘、骑马拔河等。南方多水，河流交错、水网密布，形成了游泳、龙舟、跳水、垂钓等多种水上体育活动；我国的西南地区，地势复杂，沟壑纵横，高原、沟壑、河流共存，又是少数民族聚集地，则形成了具有民族特色的节俗体育内容，如彝族、苗族的弩射，土家族的打飞棒，哈尼族的打磨秋、爬树追逐，黎族的跳竹竿等。

三、传承性

节日民俗体育是人类社会行为的历史沉淀，是中华民族文化遗产的一个重要方面，它是在漫长的历史长河中自然形成的，其活动源远流长，除具有鲜明的民族性、地域性之外，还具有鲜明的传承性，传承性是节日民族传统体育文化最重要的一个特征。纵观历史长河，我国古代的节日体育项目众多，如端午龙舟、元宵节拔河、中和节和上巳日踏青、清明秋千、冬至冰嬉、元旦舞龙灯、春节跳傩戏等。这些体育项目经过数百数千年的发展，虽遭官府多次禁止，不但没有衰亡，反而影响越来越大，传播越来越广❶。如清明节放风筝的起源可以追溯到春秋战国时期，发展至今风筝已成为我国最流行的节日体育活动之一；始于春日的踏青和重阳节的登高习俗，至今仍非常流行；龙舟竞渡早在汉代已出现。究其因，任何文化一旦形成，就具有自身的活动规律和惯性，并在历史的发展过程中体现出顽强的传承性，这种传承性，使得许多节日民俗体育活动自古相传、代代沿袭。不少民俗体育之所以能在传统的节日里稳定传承，是因为两者有着许多文化吻合。如龙舟活动，楚地有纪念屈原之说、吴地有纪念伍子胥和曹娥之说，而古越人则将龙作为图腾加以崇拜。可见神话及其文化的嵌入是节日民俗体育传承的驱动力之一，使得体育活动植根于大众的思想意识之中，世代相传。

四、实用性

节日民俗体育虽然内容和门类众多，表现各异，但它们和人类的生产、生活紧密联系，对于广大民众而言是一种属于实用范畴的文化现象。在节日举行的许多体育活动中，探索其源起和发展，既有娱乐的成分，又有宗教的因素，既有健身的价值，又有实用的价值。它们

---

❶ 王俊奇．中西方民俗体育文化［M］．北京：北京体育大学出版社，2008：96．

基本是在争取生存、增强体质、促进健康、陶冶情操、平安祈福的价值需求下产生和发展的。广为开展的节日民俗体育项目如赛龙舟、赛马、踢毽子、摔跤、秧歌、跳竹竿、叼羊、舞龙舞狮等无不体现着健身功能，对身体素质也有着较高的要求，对参与此类运动的参与者也是一种良性的身体促进和要求；同时，节日民俗体育蕴含着竞技性、游戏性、艺术性的特点，具有强烈的娱人和自娱的功能。在节日里，人们利用暂时的农闲时光，载歌载舞，全情投入、尽情释放，展示着自己的技能、体力、智力及综合的身体素质，达到愉悦身心，调节情感，丰富社会文化生活之目的。

第二节 节日民俗体育的价值

我国是一个多民族的国家，在中华民族大家庭的传统文化宝库中蕴含了种类繁多、形式多样的节日民俗体育活动及其丰富的文化内涵。节日民俗体育活动在其产生、发展过程中不断地满足各民族人民的各种社会需求，体现出多样性的价值和功能。

一、提高身体素质、培养健全人格

节日民俗体育活动，含有大量的体育活动因素，许多项目需要参与者有较好的身体素质、运动能力和运动技巧，还有一定的社会规范、行为约束和社会道德、认知价值等蕴含其中，对于人的发展有着教育和陶冶价值。

（一）促进参与者身体素质的发展

众多的节日民俗体育的开展，需要一定的身体素质基础。如春节开展的舞龙舞狮在速度、弹跳、爆发力及灵敏性各方面都有较高的要求，而实际表演者大都具有一定的武术功底、全面的身体素质和良好的体能储备；端午龙舟赛，要求参与者不仅具有较强的臂力、还要有一定的耐力，并且熟悉水性；又如举重、摔跤、投掷、拔河、爬杆等活动内容，强调力量的抗衡，通过长期的锻炼和参与，对于提升人们的力量素质有着明显的促进作用。

众多精彩纷呈的节日民俗体育具有极高的观赏性，一些项目技巧性极强，要求表演参与者在具有良好的身体素质前提下还拥有灵敏、协调、平衡等运动能力，从而展示惊险、灵巧、滑稽、刺激的技术动作和表现力，吸引大众喜爱和参与。如高桩舞狮表演者的跳跃能力，踩高跷者如履平地的平衡能力，踢毽子、跳绳参与者的灵巧和协调等。又如赛马考验的是在高速奔跑的马背上的平衡和驾驭能力，射箭则是考验眼力、手臂稳定性的控制力。

（二）有利于健全人格的塑造

节日民俗体育对于广大青少年而言，不仅具有增强体质、提高运动技能、增进健康的功能，还具有完善健全人格的功能。

第一，培养勇敢、坚毅的心理素质。和大多数的体育项目一样，节日里举行的民俗体育项目也具有大量的挑战成分，它是为了满足新奇、刺激心理、培养冒险精神及勇敢坚毅品质而举行的娱乐性运动，如荡秋千、攀爬登高、斗牛等。这些活动含有大量腾空的惊险、高空的挑战、翻腾的剧烈、勇猛的冲击，人们在惊险的大起大落中经受意志和勇气的考验。这些运动的原始意义是培养与挑战人们的勇敢品质和战斗精神，在其演变过程中，虽然娱乐性逐渐增强，但其潜在的功能并没有消失。这类运动有助于培养人们尤其是青少年的勇敢机智、克服困难的勇气和毅力。

第二，树立公平竞争、遵守规则的良好意识。节日民俗中的一些游戏类体育活动，与现代竞技类的体育项目一样，需要大家在规则的框架内举行活动和比赛。因此，节俗体育对于良好人格的塑造、性情的陶冶、规则意识的培养都有着积极的作用。节日民俗体育要求参与者必须自觉遵守比赛活动的规则，在公平的条件下同场竞技。因此，公平竞争、规则意识、诚实公正是参加的首要条件，青少年在公平参与、公平竞争规则的影响下，能够形成良好的处世态度和遵守公共规则意识。

节日民俗的体育活动，对于参与者，特别是青少年群体的影响是深远的，对于参与者的身体素质发展、智力思维开发、社会公共意识的形成、健全人格的塑造都起着潜移默化的教育作用，在愉快、宽松的比赛过程和环境中促进人们良好素质的养成。

二、调剂大众生活、增添生活情趣

节俗的体育活动富含大量的游戏娱乐成分。游戏娱乐对少年儿童来说，有着独特的教育、教化功能。对于成人而言，游戏娱乐性的成分更为明显。在农耕社会，人们在农闲之余，通过传统节日民俗体育活动，达到自我放松愉悦身心的目的。现代社会，成人往往担负着较重的社会责任，尽管从事着不同的生产、生活及其他社会活动，但都面临不少的问题。通过体育娱乐活动，进行积极性休息，缓解生活的紧张状态，达到调节身心、张弛有度之目的。常居室内的人，通过户外的健身性活动以及竞技类的体育对抗，舒展筋骨以放松身心。而那些长年在外奔波的人，则更愿意参与富于对抗性的游戏或智力消遣（如下棋、玩牌），缓解连续紧张的生活。体育娱乐活动除了为未来的工作储备能量和体力，重振精神外，还能利用体育娱乐、游戏对抗等释放的潜在能力，将平常被压抑或被忽视的智能与体能充分发挥出来，发掘自己的潜在能力，体验成功的喜悦，增强人们生活的自信和乐趣。因此，体育娱乐活动不仅能为人增添生活情趣，而且还含有一种创造性的要素，使人精神振奋。

大量民众参与的节日民俗体育活动、游戏娱乐，是人们难得的聚集机会，人们在特定的时间，一定的空间场所，在固定规则的约束下，依据一定的方式进行体育活动。无论相识与否，人们在平等的参与中相互交流、彼此沟通，这有利于社会生活的和谐稳定。有些带有情爱性质的游戏还是人类社会早期阶段婚姻生活的重要组成部分，年轻女子在特定时节自由交往，寻找意中人，为组建新家庭提供了条件。我国哈萨克族的"姑娘追"就是典型的例子。

三、强化群体意识，培养集体精神

节日民俗体育活动在特定季节、特定时间，通常在一定的群体中进行。节日民俗体育多含有游戏、竞技、竞赛的成分在里边，人们在游戏、娱乐、对抗、比赛中相互配合、相互理解，在活泼、自由的体育氛围中培养群体的合作意识，在团结协作中产生诚意与和睦。民俗体育活动中的沟通和交流、对抗与竞技其实就是社会关系的模拟，对于少年儿童来说，通过参与体育游戏活动，也即是他们进入未来社会的准备和演练；对成人而言，则是为增进友谊、调整人际关系的有益形式。特别是大规模游艺竞技活动，如内蒙古的那达慕大会、西北的花儿会等，都是该地区人民定期交往的集会。人们在这里竞技比赛、游戏娱乐、欢声笑语，在轻松愉快的环境里培养与筑牢集体情感。

节日民俗体育活动大多是双人或多人项目，动作的完成、竞赛的获胜需要参与者集体的努力和付出，一个团队就是一个整体，每个人都在各环节起着特定的作用，缺一不可。在龙舟赛中，需要全体参赛者的奋力划桨和步调一致，也需要鼓手根据团队体力状况，击鼓定好划桨节奏，才能形成合力；舞狮考验两个人的协调配合，托举、翻滚、跳跃，都需要同步配合完成；拔河就更加明显了，它诠释了个人与集体的关系——没有个人形不成参赛集体，没有集体团队，个人也无从参与了。良好的竞赛团队和竞赛环境有利于培养参与者的集体主义精神和合作意识。群体性的体育游艺是参与者同心协力、高度一致化的一种活动，对立的双方都需要步调一致，否则难以取胜。在夺标争胜心理的作用下，个人融进集体，人们在体育活动中自觉地形成了一种群体意识。集体性的体育游戏和竞赛、娱乐还鼓励了人们的群体思维，人们为了解决难题、战胜对手争相建言献策，提升了增强了群体的凝聚力❶。

四、增进情感交流，促进社会化发展

马克思曾说过："人的本质不是单个人所固有的抽象物，在其现实性上，它是一切社会关系的总和。"因此，人具有两重性，既有单个生物个体的属性，又具有其社会性。人是离

---

❶ 钟敬文．民俗学概论[M]．2版．北京：高等教育出版社，2016：289．

不开社会的，要在社会中生存，就必须适应社会环境。而传统节日中的体育活动就如同人进入社会环境前的"模拟场"，是能力最好的检验工具。节日民俗体育是一个开放的动态系统，这一动态系统的最大表现是不断追求最佳效用的有序进程。民俗体育活动的参与者一般总是根据自己追求的目标，择其体育活动方式，同时为了使自己所追求的目标能够尽快实现，他们必然要不断地改造和完善已有的民俗体育活动方式，以能得到最佳的功能和效用。另外，一个人向上的心态，在达不到较高目标时，必须在实践中寻找不足，积累经验，并采用针对性的活动措施，不断学习，不断超越自我，体现出自我价值❶。

丰富多彩的体育活动，增加了人与人之间的接触和交往的机会，提高了参与者的社会适应性。各类节日民俗体育运动，特别是集体项目，如划龙舟、八人秋千、舞龙、打蔑球、拔河、跳竹竿等，需要众人通过集体长期的练习和配合，才能达到制胜目的。这种日积月累的合作方式更容易增进人们的情感交流，加深了解，增进友谊，从而进一步促进人的社会化发展。另外，由于民俗体育具有一般体育活动的社会价值功能及自身所特有的文化感召力和认同感，所以它能起到调节心理、培养社会情感的作用。民俗民间体育活动心理调节和社会情感培养，主要是通过人们亲自参加或观赏各种体育活动的过程而得以实现的。它能陶冶人们美的情操，满足人们的精神需要，对不同心理状态的人都起着积极的调节作用，人们对社会的情感，使自己自觉或不自觉地与整个社会心理保持一致。

五、增进民间交流、加强民族团结

在我国不少传统节日如春节、元宵节、清明节、端午节、重阳节是各族共同的节日，在节日中开展的传统体育活动呈现出各民族共同参与的现象，如春节舞龙舞狮、元宵观灯、端午竞渡、重阳登高等。在各民族的传统节日中，许多民俗体育活动都呈现出民族间的相通性，如赛马、射箭项目，在蒙古族、壮族、水族、维吾尔族、苗族等民族广为开展，且有着广泛的群众基础，民俗体育的开展为各民族间互相交流和切磋提供了大好机会。

传统节日民俗体育以其特有的文化认同作用，成为强化民族关系、加强民族团结的凝聚剂，可以使不同文化背景的人，因一次特定的活动或特定的竞赛聚合到一起。民族的凝聚力是通过其共同的思维、价值观念、生活习惯、行为方式实现的，民俗民间体育文化所具备的这种聚合功能，也是其他文化领域很少或很难具备的。传统民俗体育文化的聚合、凝结功能主要产生于体育文化的精神层面，由此而产生的凝聚力是最深层的，也是比较稳定的，更加有利于促进民族内部、民族与民族间团结的实现。

---

❶ 周伟良. 中华民族传统体育概论高级教程[M]. 北京：高等教育出版社，2003：239-240.

第三章
中国传统节日体育文化

民族传统节日文化和节日体育是中华民族悠久历史发展的产物，是民族传统文化的重要组成部分。它们产生于劳动人民长期的生产实践和社会生活中，伴随着多民族文化的相互交融和渗透而不断传承与演进。民族传统体育多在民族节日中开展是其一显著特点，"节日"是展示民族民间文化艺术的大舞台。蕴含体育活动的表演和仪式是节日文化活动中最为活跃的因素，传统节日是民间体育活动得以发展的一个重要的载体。

第一节　中国传统节日中的民俗体育

传统节日是一种文化现象，有着复杂的文化结构，成熟的表现形式，总是与宗教、祭祀、庆典、聚会等联系在一起。传统节日的形成过程，是一个民族或国家的历史文化长期积淀凝聚的过程。中华传统节日是中华民族文化的重要组成部分，是传承中华民族精神的载体之一，展示了中华民族深厚的文化内涵和民族精神，其内容是一幅幅生动的民间生活风俗风貌图景。

在我国的传统节日中，每个节日都有一套相应的节日传说、节日习俗、节日礼仪、节日娱乐、节日禁忌，并构成了繁复的节日习俗系统。中国传统春节作为大文化系统的一个支系统，较之其他支系统，更集中、更强烈地反映出民族文化的内容和色彩，反映了各民族的生活、历史、心理、个性、道德风尚、宗教观念及文化传统。

我国传统节日，大多和天文、历法、数学，以及后来划分出的二十四个节气有关，这从文献上最早可以追溯到《夏小正》和《尚书》。早期的节日中风俗活动是和原始崇拜、迷信禁忌有关，后又融进了神话传奇色彩，加上宗教对节日的冲击与影响，以及纪念历史人物因素的渗入，使中国的节日有了深沉的历史感。汉朝时期我国主要的传统节日都已经定型，至唐代，原始的祭拜、禁忌等神秘气氛逐渐蜕化，转为娱乐礼仪型，成为真正的佳节良辰。从此，节日变得欢快喜庆、丰富多彩。许多体育、娱乐的活动内容出现，并很快成为一种时尚流行开来，这些风俗一直延续发展，经久不衰。

传统节日成为民族、民间体育得以发展的一个重要载体，反映出了大量的体育活动的内容。从南北朝（梁）宗懔编撰的《荆楚岁时记》中可以看出，绝大多数至今仍沿用的传统节日及其习俗里面蕴含了大量的体育元素，像拔河、打秋千、踏青、登高、高跷、放风筝、观灯游艺、跑旱船、舞龙以及踢毽子等，这些都是一些很典型的民俗性的传统体育活动。作为人们生活中特有的一种文化形式——民间体育娱乐活动，更多的还是通过各民族民间传统岁时节日或社火等游乐活动得到继承与发展的。如春节期间的元宵佳节舞龙灯、端午节龙舟竞渡、重阳节登高等民俗体育活动都早已定型。在春节、元宵节、清明、端午、七夕等节日中，中国古人总是要进行大量的体育活动，尽情地玩乐嬉戏。同时，在体育活动本身的发展中，由于某些体育活动的日期不断地重复，以致逐渐演化成为一种特殊的节日——体育游戏节，现在许多少数民族当中都存在着这种节日，如蒙古族的"那达慕"大会、苗族的"龙船"节、侗族的"抢花炮"等，使民俗体育活动更加普及。在我国主要的传统节日里，各项体育活动精彩纷呈。

一、春节

春节是我国最大、最隆重的节日，是娱乐活动最多的节日，主要有忙年、迎年、拜年、驱疫、娱乐等活动。中国人和受中国文化影响的东亚与东南亚民族欢度春节的盛况，犹如西方国家过圣诞节。传统的春节从除夕夜到正月十五，其间的节日传统、娱乐形式极其丰富多彩。古时流行各种民间体育活动，如百戏、六博、投壶、猴戏、鱼戏、高跷、弄丸、踢球、骑竹马、老鹰抓小鸡、玩纸牌等。近代还有推牌九、麻将牌、升官图、葫芦问等娱乐活动。《荆楚岁时记》记载："立春之日……，为施钩之戏，以绠作篾缆相胃，绵亘数里，鸣鼓奇之。……又为打球、秋千之戏"。施钩，近似现代的水上拔河比赛，不过远比现代的拔河规模要大；打球，即蹴鞠，被认为是现代足球的前身。《中国奇风异俗》也记载有海南黎族妇女在大年初一聚集玩耍"打秋千"等文体活动。

二、元宵节

元宵节，古时又称元夕、元夜、上元和灯节，元宵节具有红火、热闹的娱乐色彩，游艺内容丰富的特点。《隋书·柳彧传》记载："每以正月望夜，充街塞陌，聚戏朋游。鸣鼓聒天，燎炬照地。"元宵节的民间娱乐、杂技游艺有角抵戏等角力活动，还有耍龙灯、耍狮子、登坛、舞流星、跑旱船、踩高跷等民间体育活动内容。薛道衡的《和许给事善心戏场转韵诗》生动地记载了元宵节上的民间体育的活动形式："……竟夕鱼负灯，彻夜龙衔烛。……卧躯飞玉勒，立马转银鞍。纵横既跃剑，挥霍复跳丸。抑扬百兽物舞，盘跚五禽戏……"辛弃疾的《青玉案·元夕》也有"凤箫声动，玉壶光转，一夜鱼龙舞"的描述。

三、清明节

清明节又称鬼节、冥节，清明节本为二十四节气之一，由于清明一到，气温升高，正是春耕春种的大好时节，在一年的季节变化中占有特殊的地位，后来又把祭祖、寒食节并入其中。清明节的体育内容有出游踏青、荡秋千、放风筝、斗鸡、击壤、拔河、踢球、马球、赛龙舟、蹴鞠等内容。相传这主要是寒食禁火，为了防止吃冷食伤身，所以就积极参与一些体育活动，达到锻炼身体的目的。踏青本是上古时代男女野外出游寻找意中人进行交往的活动，人们依靠对歌、跳舞等形式，进行交流，达到建立感情的目的。后来踏青发展为文人雅士的一种娱乐消遣的方式之一。荡秋千除了在汉族流行外，在朝鲜族和中国西南少数民族中也很流行。击壤在我国古代是有比赛、争高下、力求准确的投掷运动。三国时期的邯郸淳在《艺经》中对此有详细记载："壤，以木为之，前广后锐，长四寸，阔三寸，其形如履。将戏，先侧一壤于地，遥于三四十步，以手中壤敲之，中者为上。"后来发展为击砖、投瓦的游戏，现代的民间游戏打瓦、打台、打尺子等均为击壤遗风。

四、端午节

端午节是中华民族古老的传统节日，又称端阳、端五。端午节最典型的民间体育形式就是龙舟竞渡了，唐人张建封所作《竞渡歌》一诗中有生动的描述："五月五日天晴明，杨花绕江啼晓莺。使君未出郡斋外，江上早闻齐和声。使君出时皆有准，马前已被红旗引。两岸罗衣破晕香，银钗照日如霜刃。鼓声三下红旗开，两龙跃出浮水来。棹影斡波飞万剑，鼓声劈浪鸣千雷。鼓声渐急标将近，两龙望标目如瞬……只将输赢分罚赏，两岸十舟五来往。须臾戏罢各东西，竞脱文身请书上……"除划龙舟外，还有射柳、击球、斗草、端午景等民间活动。《明实录太宗实录》有关于永乐皇帝"永乐十一年五月癸未，端午，车驾幸东苑，观击球、射柳"的记载。

五、重阳节

农历九月九日，为传统的重阳节，因为《易经》中把"六"定为阴，把"九"定为阳，九月九日，日月并阳故而叫重阳。重阳节又称九月九、重九、茱萸节、菊花节等，古人在重阳节的体育活动主要是登高活动和放风筝。据《西京杂记》载："三月上巳，九月重阳，士女游戏，就此祓禊登高。"重阳登高之俗从汉代以后就出现了，民间传说解释与"桓景避灾"事相关。《续齐谐记》载东汉汝南人桓景，受仙人费长房指点，于九月九日携全家登高、饮菊花酒、佩茱萸囊而躲避了一场灭门之灾。于是，世人效法，沿之成俗。到了宋代以后，重阳登高的习俗更盛。直到近代，重阳登高的民俗体育活动仍在民间流行。《燕京岁时记》记载了北京地区重阳登高的盛行："京师谓重阳九月九，每届九月九，则都人提壶携榼，出郭登高。……赋诗饮酒，烤肉分糕，洵一时之快事也。"又因重阳时节秋高气爽，清风较大，比较适宜放风筝，所以放风筝也是重阳节的重要娱乐活动。风筝南方称纸鹞，北方称纸鸢，《澎湖纪略》卷七作了生动的描述："放风筝，札为人物，鸾凤以及河图八卦之类，色色都有，俱挂响弦，乘风直上，声振天衢。"陕西的《城固县志》有这样的记载："九日，儿童登高，竞放风筝，曰：迎寒。"而远在岭南的广东诸地，同样也有这类游戏，《广东通志》里记载："重阳有墓祭者，亦曰登高细民。放风鸢之戏，自古有之。"在我国满、朝鲜等北方少数民族中在重阳节有骑射、围猎、射柳、赛马等活动。

第二节　中国传统节日体育的文化内涵

我国传统节日的起源发展和节气、原始崇拜、迷信禁忌等风俗，以及宗教、神话传奇故事有着密切的关系。经过漫长的发展，逐渐从原始祭拜、禁忌神秘的气氛中解放出来，转为具有娱乐、礼仪、休闲、欢庆性质的佳节。许多带有迷信、宗教色彩的活动形式逐渐演变为丰富多彩，特色鲜明的民间体育活动，并很快成为一种时尚流行开来，这些风俗一直延续发展，经久不衰。在传统节日的体育活动中蕴含了丰富的文化内涵，传承了独特的民族精神和意识。

一、祈求风调雨顺、五谷丰登

中国是典型的农业古国，由于时代的局限，不少古代农耕民族认为，农业的栽培、收割、丰收是得助于神，农业的灾害、病萎都是鬼魔所至。这样的精神信仰，必定产生人们在农业生产上的祈祷、祭奠、驱邪、禳灾等活动。中国古代早期的节日有相当一部分最初为单纯的农事节日，后虽演变为综合性节日，但与农事有关的习俗和为农事而祭祀的活动，却一直是大多数传统年节的有机构成因子。在节日里进行的相关活动内容，往往是通过多姿多彩的体育活动来体现节日气氛的，所以我国古代节日里的体育活动自然就成了一种农耕民族特有的文化现象。如立春有鞭土牛、说春的习俗；正月十五有祠门户、迎紫姑、卜来年蚕桑及收成的习俗，通过舞龙灯的仪式求风调雨顺、五谷丰年收；三月三时要"风乎舞雩"，跳祭龙祈雨的舞蹈；端午节是古代南方荆楚、吴、越民族祭水神、求年成、祈农事的重要节日。在端午举行的龙舟竞渡，也具有卜岁、求禳的手段。《武陵竞渡略》载："划船不独禳灾，且以卜岁，俗歌相传'花船赢了得时年'"中秋原本是农事祭祀的节日，人们在秋获后进行跳月狂欢和秋社活动，民间至今还传承望月占年和拜月祈年的活动习俗。

二、重视个体生命、追求延年益寿

在传统年节发育、成型的过程中，道家及道教的养生、服药、辟疫等思想，以及延年益寿珍爱个体生命的意识，注入了年节的深层心理结构与实践操作系统两个层面里，成为中国传统年节内容构成中的一个鲜明特征。在北方的一些地方，人们在元宵节除了观灯、吃元宵外，还有一些蕴含着祈求健康、消灾祛病的活动，如"走百病""走桥""摸钉"等。"走百病"习俗,又称"烤百病""散百病",参与者多为妇女、老人、小孩或体弱多病者,他们结伴而行,走墙边、过桥或走郊外,目的是祛病除灾。此活动最初仅限于妇女,旧时妇女多操持家务,养儿育女,因此身体劳累,体质较弱,容易生病。在每年正月十六日这天夜里,妇女们以祛除病邪为主要目的,出门四处游走,意谓将家里病邪驱散。"走百病"经过历代充实与发展,成为传统文化中的重要内容之一。近代也有些地方在白天"走百病"的,人们通过野外游览,饱览如画美景,呼吸新鲜空气,对身心健康有一定益处。秋日登高在传统医学中也一直被认为是合时令、益身体的活动,无疑能达到预防疾病、强身健体、延年益寿的目的。可见"走百病"蕴含着"防病健身""养生保健"的深远意义。民间有九九重阳节登高、饮菊花酒的习俗。相传九月九日为登天、升仙之日,求仙和升天事实上本不可能,于是求仙、升天便转为祈寿避祸了。"登高"除了消灾之外,也有步步高升的含义。这就是旧时人们非常重视重阳节登高的一个重要原因。另一个含义,是"高"有高寿的意思,认为"登高"可以长寿,因此特别受老年人重视。在追求延年益寿和个体"生命价值"的前提下,形成中国特有的卫生保健和民族体育活动的方式,起到了有效的健身作用。

三、敬畏自然、辟邪驱疫

在人类社会的发展过程中,初时由于人们对大自然的认识水平普遍低下,形成了自然崇拜、图腾崇拜、巫术等民族信仰形式。很多自然现象都被认为是鬼神作祟,为了使神鬼与人类和睦相处,并福佑人类,人们按照自身的想象和好恶,设计了繁多的仪式活动来取悦神灵。于是就通过舞蹈、模仿自然界、动物等形态、动作来表达图腾,以示对祖先的崇拜,对万物之神的敬仰,以此来取悦神灵,祛除人世间的灾难,保佑人畜平安、五谷丰登。这些娱神仪式折射到传统节日里,便发展成为多样的节日民间文娱体育活动。在中国古代年节的形成与发展中,与世界其他民族的古代年节之间存在的一个显著区别,就是突出了敬神、畏鬼、辟邪、驱疫方面的内容。中国的大多数节日,起初均为祭祀性节日,如春节、正月十五、清明、端午、冬至、腊八等。《岁时杂记》记载了春节驱疫的活动:"除日作面具,或作鬼神,或作儿女形,或施于门楣,驱傩者以蔽其面,或小儿以为戏。""傩"是一种以舞蹈形式进行的祈祷与酬神、驱疫、逐邪的祭祀活动,各地演出的傩戏后来演变为节日的民间体育娱乐活动。在端午节,人们都要进行一系列的辟邪、祛疫活动。古人认为五月是个"恶月""毒月",重五之日为"恶日","五日午时为天中节,故作种种物辟邪恶(《风俗通义》)。"❶在龙舟竞渡既有崇龙的信仰和祈龙求雨的宗教因素,又包含有纪念先贤,驱除瘟疫的成分。《长沙府志》卷十四记:"端午……坊市造龙舟,竞渡夺标,俗以为禳疫"。清

---

❶ 《风俗通义》为东汉应劭辑录的民俗著作,汉唐人多引作《风俗通》。

明节的放风筝习俗原是巫术宗教活动，认为清明节儿童放风筝有利于其健康成长，后演变成老少皆宜的活动。敬神畏鬼、辟邪驱疫活动成为年节传承的重要内容，反映了古代神话、迷信、禁忌的习俗因子，这些因子在日常生活与文化的其他组成部分中久已不存，但却以年节中的体育娱乐载体，一直传承至今。

四、重视生育、渴求情爱

重孝道、重生育是我国民族意识形态和民族文化的重要构成因素。随着岁时祭祀活动的节日化，逐渐积淀成为传统年节中相应的活动内容。许多民族传统体育（特别是舞蹈等娱乐性比较强的项目）在男女婚恋过程中起到了媒介的作用。在我国的许多地方，都有正月十五舞龙灯的民间习俗，舞龙灯的深层含义就是迎接生命之神——龙的复活，在舞龙灯的活动中，常伴随着各种祈求生育的仪式和习俗。我国民间有许多在元宵节祈生育、求子嗣的风俗活动，由舞龙演变而来的麒麟舞，含有"麒麟送子"之意；民间的"走桥""摸门钉"有祈求生育，添子添丁之意。农历二月二日，俗称龙抬头，古代有"春嬉"的习俗，据《楚辞·九章·惜诵》和《周礼·地官司徒·师氏/媒氏》记载，其间适龄青年男女在田野河边纵情歌舞，相互挑选自己的意中人，在歌舞、嬉游中确定恋情和婚姻，后演变为郊外的"踏青"习俗。八月中秋的"拜月"和"跳月"等活动仪式，则蕴含少女祈求婚姻，妇女祈求生育的心理。中秋节男女青年在月光下载歌载舞的跳月活动，在西南少数民族，至今仍流传这一习俗。一些民族传统体育集会和节日期间举行的各种体育活动，不仅起到了娱乐、锻炼的作用，同时也是青年们交流情感，寻找意中人的好机会。

民俗体育活动是中华民族传统节日不可或缺的重要活动内容，传统节日为丰富多彩的民间体育活动提供了最佳活动场所。加强中华传统节日体育活动的研究与开发，对于我们认识民族传统体育文化的特性，探讨民族传统体育文化发展、演变的规律，促进民间体育活动的蓬勃开展，大力推进全民健身计划的活动，具有十分重要的借鉴意义。❶

---

❶ 于兆杰. 中华民族传统节日体育活动及其文化内涵[J]. 浙江体育科学，2007（5）：33-35，40.

第四章
春节民俗体育

　　春节是我国最重要的传统节日，一般指除夕和正月初一。在民间，传统意义上的春节是指腊月初八的腊祭，或腊月二十三、二十四的祭灶，直到正月十五，其中以除夕和正月初一为高潮。中国的节日丰富多彩，春节是众多节日中最盛大的民族传统节日。春节的原始意义是农耕日收后的喜庆活动，"年"即禾熟之意。立春作为春节，主要的风俗活动是鞭打春牛，意在劝耕、勤耕、适时而耕。其绚丽多彩的民俗活动，是在长期实践中形成、丰富、传播的。

第一节　春节概说

春节作为中华民族第一大节，春节俗称"过年"，原名"元旦"。其中，"元"字是第一和开始的意思。"旦"字原意是天亮或早晨。殷商时代青铜器皿上，就已有旦字的象形字。先秦是春节习俗的孕育时期，先秦时称"上日""元日""改岁""献岁"等。先秦至春秋战国，人们的岁时观和意识，经历了一个从"二时"（春秋）到"四时"（春夏秋冬）的历史变化过程。在这种时间观念的引导下，逐步把一年为春、夏、秋、冬四时四季。每季又分为孟、仲、季三个月。一年有十二个月，每年、每季、每月均有节日。从天子到百姓约定俗成，丰富多彩、绚丽多姿。

两汉时代，春节又被称为"三朝""岁旦""正旦""正日"。汉代是春节的基本定型时期。汉初仍沿袭秦制，以建亥孟冬之月（今农历十月）为岁首。汉武帝改用颛顼历，另作太初，恢复夏制，即农历以夏历正月为岁首。此时的历法为汉族节日民俗文化的定型奠定了基础。正月初一为元日，早晨火烤爆竹，发出声响，有"辟山臊恶鬼"的礼俗，谓之爆竹。这就是后来鞭炮发展的起因，又叫"庭燎"。元日有宴请饮酒、避邪祈福、尊老贺寿、朝廷朝会（又叫元日朝会）为皇帝贺年，同时皇帝赏赐群臣也有饮宴之俗。民间开始有了走钢丝、耍幻术、舞百戏、合家欢的习俗。

魏晋南北朝时人们称春节为"元辰""元日""元首""岁朝"等。魏晋南北朝是春节习俗不断完善的时期。随着时间的推移，春节习俗越来越多，越来越隆重，人文色彩越来越鲜明，有了祭祀、敬神、贺寿、团圆之俗，又增加了秋千、斗鸡等多种多样的风俗习惯。如初七为人日，有吃七彩羹、剪彩人的习俗，元宵有张灯赏灯的习俗，立春之日有立春幡、戴春胜、贴宜春的风俗。特别是在荆楚故地，节庆气氛尤其浓烈，活动事项格外丰富，节庆延续的时间也最长，比起现代中国人过春节来还有过之。近代元旦和现代春节传承的各种民俗事象，几乎都可以在南北朝时期找到原型或同类形态。

唐代是春节新俗增多的时期。朝廷元日朝会更为盛大隆重，百官朝贺皇帝，皇帝赏赐百官，此风俗也传播到少数民族地区，并远播到周边国家。元日之时，亲友共欢，尊老敬老，更加庄重。民间有"迎年佩"之俗，以红绢囊内装人参、木香、天未明即起床佩戴，日出时解之。还有面东方服赤豆七粒，希望以此祛病。大年初一，亲朋互拜。人日即初七，民间流行吃煎饼，吃面茧，唱竹枝歌，元宵日放灯、踩花灯。文人诗人宴请、娱乐百戏，宗教色彩也随之愈盛，神灯佛火同时融入民间生活。

宋元时期是春节习俗的丰富时期。前代众多习俗均得到了延续，在饮食文化方面，为预示"丰稔之兆",民间有了美食"春盘"、互赠"春盘"的饮食习惯,庙会更加红火盛大,而且有了"放生"的习俗。

明代是春节习俗更加兴旺的时期。历代形成的习俗更加热烈、隆重,拜年、朝会、祭祖更加伦理化,同时增加了"旺柏""行春""节节高"等活动。吃年糕、放天灯、撒春豆、扮社火,洋溢着春天的气息。而元宵节七宵(汤圆),也兴盛于此时。

清代是春节习俗更加丰繁的时期。各种习俗活动到了清代都得到了丰富和更大的发展,敬财神、闹花灯、拜喜神甚为隆重,节中有节。十九日为"燕九节",二月二为"中和节",二月十二日为"花朝节",二月十九日祭观音,节中有节是清代春节的一个显著特点。清代后期是春节趋向人本的时期。饮食文化更加丰美,文化含量更加丰富,宗教意识更加明显。二月初一吃太阳糕,祭拜太阳。二月二日为"春龙节",祭龙、拜龙,祈盼吉祥,并产生了一些禁忌,如二月二之前不能剃头,妇女忌用针线等。春节的各种忌讳增多,讨口彩、求吉祥、重娱乐的新年意识更为强烈。

在中国民间,每年农历十二月三十日(小月二十九日)半夜子时(24时)过后,春节就算正式来到了,老百姓习惯地称春节为过年、过新年、过大年。正月初八到正月十九,这一段时间在民间和风俗习惯中都被视为春节。

把年定名为"春节"是在辛亥革命时期,辛亥革命时期是春节民俗活动承旧启新的时期。该时期废除了封建时代通行了数千年之久的万年历,宣布取消农历,改用民国纪年,以阳历为国历。但家家户户仍过农历年,于是出现了公历与农历并存,一岁两年的特异风俗。开始采用公历纪,统称阳历,是为了区别农历和阳历两个年,又因一年二十四节气的"立春"之日是在农历年前后,所以,把农历正月初一定为"春节",公历新年第一日为"元旦"。

1949年9月27日,中国人民政治协商会议第一届会议决定,在中华人民共和国成立的同时,采用国际通用的公元纪年。把阳历1月1日称为"元旦",正月初一正式定名为"春节"。

第二节 春节源起与传说

春节是我国众多节日中最盛大的民族传统节日,春节的历史悠久、民俗丰富。春节源起在不同民族和地域有着不同的传说。

一、"年"兽的传说

相传,中国古时候有一种叫"年"的怪兽,头长触角,凶猛异常。"年"每到除夕就会进入村庄伤害人畜。人们为躲避"年"兽的伤害,只好进山躲避,惊恐万分。后来有一位乞讨的老者经过,在半夜时分,点燃了一堆竹子,熊熊燃烧的竹子发出"噼里啪啦"的炸响声,吓跑了"年"怪兽,人们欢天喜地,纷纷换上新衣戴上新帽,到亲友家传播喜讯、祝福问好,此活动便逐渐演变为年俗,而且越传越广。

二、过年放爆竹的传说

中国民间有"开门爆竹"的传说,在新年第一天到来之际,家家户开门的第一件事就是燃放爆竹,用爆竹声除旧迎新。爆竹又称为鞭炮、炮仗、爆仗,至今已有2000多年的历史。人们认为放爆竹可以营造喜庆气氛,是节日的一种娱乐活动,它可以给人们带来欢愉和吉利。《荆楚岁时记》载:"正月一日,鸡鸣而起,先于庭前爆竹,以避山臊恶鬼。"这段记载说明爆竹在古代有驱瘟逐邪的作用,这就使燃放爆竹的习俗从一开始就带有一定的俗信色彩。据《神异经》说,古时候,人深山露宿,晚上要点篝火,一为煮食取暖,二为防止野兽侵袭。深山中有一种动物既不怕人又不怕火,经常乘人不备偷食东西。人们为了对付这种动物,就在火中燃爆竹,用竹子的爆裂声使其远逃。民间称这动物为"山臊",古人说它可让人寒热,是使人得寒热病的鬼魅,吓跑山臊即驱逐瘟邪,才能吉利平安。《神异经》:"西方山中有人焉,其长尺余,一足,性不畏人,犯之则令人寒热,名曰山臊。人以竹著火中,烞烨有声,而山臊惊惮远去。"在《神异经》中,爆竹还只是一种驱鬼方式和习俗。到了南朝,这一习俗便转变为了正月初一特定的一个习俗事象。

另外,传说唐代时瘟疫四起,有个叫李田的人,把硝石装在竹筒里,点燃后使其发出更大的声响和更浓烈的烟雾,结果驱散了山岚瘴气,制止了疫病流行。这便是装硝爆竹的雏形。随着以后火药出现,人们将硝石、硫黄和木炭等填充在竹筒内燃烧,产生了"爆仗"。到了宋代,民间开始普遍用纸筒和麻茎裹火药编成串,做成"编炮"(亦即鞭炮)。燃放爆竹已成为具有民族特色的固定模式和娱乐活动,人们除了辞旧迎新在春节燃放爆竹外,每逢重大节日及喜事庆典,诸如元宵节、端午节、中秋节,及婚嫁、丧葬、起屋建房、生意开张等都要燃放爆竹以示庆贺❶。

关于春节还有众多的传说,诸如"迎财神""祭灶王""贴春联""腊八粥""老鼠嫁女"等广泛流传的民间故事。

---

❶ 高天星.中国节日民俗文化[M].郑州:中原农民出版社,2008:43-48.

第三节　春节民俗活动

春节民俗文化的形成经过了漫长的时期，最早可以追溯到商代。春节作为节日正式形成于汉代，渗透着中华文化的丰富内容。关于春节的民俗活动，中原地区曾流行一首妇孺皆知的歌谣：腊月二十三，祭灶神；腊月二十四，扫房子；腊月二十五，拐豆腐；腊月二十六，割块肉；腊月二十七，杀年鸡；腊月二十八，蒸枣花，腊月二十九，蒸馒头；腊月三十，贴门齐。这首歌谣说明了中原人过年前的准备，类似的民谣还有很多，但大同小异。黄河以北，有的说腊月二十五是打发灶王上天，腊月二十六不是割块肉而是杀年猪，腊月二十九不是蒸馒头是去打酒，腊月三十还要炸油香。

一、扫房子

"腊月二十四，掸尘扫房子"的风俗由来已久。据《吕氏春秋》记载，在尧舜时代就开始有春节扫尘的风俗。按民间的说法因"尘"与"陈"谐音，新春扫尘有"除尘布新"的含义，其用意是要把一切"穷气""晦气"统统扫出门。这一习俗寄托着人们破旧立新的愿望和辞旧迎新的祈求。

腊月二十四日开始，城市乡村、家家户户打扫庭院、房屋卫生、清洗家具、拆洗被褥窗帘、掸拂尘垢、蛛网，疏浚明渠暗沟，形成过年的"扫年"风俗，民间称为"迎春日"，又叫"扫尘日"。北方称"扫房"，南方叫"掸尘"。扫霉气、迎喜气。实际上这种风俗是爱清洁、讲卫生、防疾病的美好风尚和习惯。

二、祭灶神

在过去，差不多家家灶间都设有灶王爷神位。人们称灶神为"司命菩萨"或"灶君司命"，传说他是玉皇大帝封的"九天东厨司命灶王府君"，负责管理各家的灶火，作为家庭的保护神而受到崇拜。灶王爷的来历源远流长。早在夏代，他已是民间尊奉的一位大神了。据古籍《礼记·礼器》孔颖达疏："颛顼氏有子曰黎，为祝融，祀为灶神。"《庄子·达生》记载："灶有髻。"司马彪注曰："髻，灶神，着赤衣，状如美女。"《抱朴子·微旨》中又记载："月晦夜，灶神亦上天白人罪状。"另外或说灶神是钻木取火的"燧人氏"；或说是神农氏的"火官"；或说是"黄帝作灶"的"苏吉利"；或说灶神姓张，名单，字子郭；等等。腊月二十三日灶王爷便要升天，向天上的玉皇大帝汇报这一家的善行或恶行，送灶神的仪式称为"送灶"或"辞灶"。玉皇大帝根据灶王爷的汇报，再将这一家在新的一年中应该得到的吉凶祸福的命运交于灶王爷之手。因此，对一家人来说，灶王爷的汇报事关重大。送灶多在黄昏入夜之时举行，用饴糖供奉灶王爷，是让他甜嘴。《辇下岁时记》中，亦有"以酒糟涂于灶上使司命（灶王爷）醉酒"的记载❶。

三、挂年画

新春佳节，人们喜欢买鲜艳的年画，贴在门上或布置于室内，增加新春佳节的祥和气氛。春节贴年画在我国由来已久。年画，古称"门神画"，最早名叫"门画"，俗称"喜画"。据《风俗通义》记述，在先秦两汉时期，民间有祀门神之习俗；神荼、郁垒是我国最早的司门之神。《荆楚岁时记》载有："正月一日，给二神贴户左右，左神荼右郁垒，俗谓之门神。"唐以前多为手绘门神。门神不是传说中的形象，而是真实人物。门神中的白脸将军为秦叔宝，黑脸将军为尉迟敬德。古籍记载，唐太宗因噩梦得病，每逢深夜听见鬼叫，心中不宁，寝食不安，有大臣进言："派大将守门，必能驱鬼。"大将秦叔宝、尉迟敬德自告奋勇全副披挂，一人持锏，一人持鞭，站立宫门两边，彻夜守护。太宗果然痊愈，太宗大喜，想到将军守门不是长久之法，便命人把两位将军的威武形象绘在宫门上。后人效仿，画于纸上，以木板刻印，此风俗便盛行于世。由于秦琼和尉迟二人皆为将军，故唐时门神以威武将军出现，加之民间画工在唐史演义的基础上，对二人的形象进行了艺术加工，也就逐渐演变为年画"门神"。

隋代后期，随着木刻的产生，木版年画也应运而生了。我国最早的雕版年画，见于南宋时期的木版年画。画面有赵飞燕、王昭君、班姬、绿珠等美女图、关张赵马黄五虎图。元代年画中有寿星图、八仙图、松鹤延年图等，而且出现了年画交易市场。明代，由于朱元璋的提倡，这种习俗又得到发展。清代，由于戏曲杂剧、绣像小说及木刻画的兴起，加之在绘制技术和雕刻技术上都有很大的发展，木刻年画进入了兴旺时期。特别是清雍正、乾隆年间，年画更为繁盛，产地遍及全国，并涌现出一大批专门从事木刻年画的专业画工和雕刻家。

新中国成立以后，年画艺术发展迅速。无论是造型布局，还是技意，既有继承，又有发展，创作了不少宣传新道德、新思想、新风尚的优秀作品。民间艺人积年累月，父传子承，创作了一批又一批富有浓郁民族风情和独特韵味的木版年画，并逐步形成了江苏苏州桃花坞、天津杨柳青、山东潍坊杨家埠、陕西凤翔、河南开封朱仙镇、湖南邵阳滩头、四

---

❶ 高天星．中国节日民俗文化[M]．郑州：中原农民出版社，2008：9-10．

川绵竹、广东佛山、福建漳州、山西临汾、河北武强、云南大理等名满天下的木版年画。年画大部分内容是吉祥、喜庆、欢乐、美好的事物，或以典故、成语为主题，取材内容极为广泛，诸如历史故事、神话人物、世界风情以及山水花鸟等。作品具有观赏和收藏价值。

四、贴春联

春联，起源于桃符。"桃符"是周代悬挂在大门两旁的长方形桃木板。《后汉书·礼仪志》载："桃符长六寸，宽三寸，桃木板上书'神荼''郁垒'二神。""正月一日，造桃符著户，名仙木，百鬼所畏。"所以，清代《燕京时岁记》上说："春联者，即桃符也。"

五代时，西蜀的宫廷里，有人在桃符上题写联语。据《宋史·蜀家》说，后蜀主孟昶令学士章逊题字桃木板，"以其非工，自命笔题云'新年纳余庆，嘉节号长春'。"这便是我国的第一副春联，直到宋代，春联仍称"桃符"。宋王安石在《元日》中写道："爆竹声中一岁除，春风送暖入屠苏。千门万户曈曈日，总把新桃换旧符。"宋代由桃木板改为纸张，叫贴春联。明代，桃符才改称"春联"。

五、年夜饭

年夜饭又叫团圆饭，过年的历史悠久，在千姿百态的习俗中，合家欢的年夜饭、团圆饭是最重要的。"千里不同风，百里不同俗"，我国各地新年合家欢聚吃团圆饭的习俗因地而异，呈现不同特色，不同滋味，演绎出风味、风采不同的民俗风情。吃年夜饭，是春节家家户户最热闹愉快的时候。大年夜，丰盛的年菜摆满一桌，合家团聚，围坐桌旁，共吃团圆饭，人们既是享受满桌的佳肴盛馔，也是享受那份快乐的气氛。桌上有大菜、冷盘、热炒、点心，更少不了鲜菜和鱼，热气腾腾，温馨撩人，说明红红火火；"鱼"和"余"谐音，象征吉庆有余，也喻示"年年有余"。还有萝卜，俗称菜头，祝愿有好彩头；龙虾、爆鱼等煎炸食物，预祝家运兴旺。最后多为一道甜食，祝福今后的日子甜甜蜜蜜。除夕夜，人们有喝酒的习俗，过年喝酒流传最久、最普遍的，还是屠苏酒。春节有吃饺子的习俗，饺子又名角子、交子、扁食和银元宝，它是天下的"通食"和美食，起源很早，在新疆的唐代墓葬里面，放的就有饺子，可见饺子起源之早。吃饺子的习俗，始于汉朝。相传，医圣张仲景在寒冬，看到乡亲们的耳朵冻烂了，便制作了一种"祛寒矫耳汤"给乡亲喝，他用羊肉、辣椒和一些祛寒温热的药材，用面皮包成耳朵的式样，取名"矫耳"，下锅煮熟，分给众人吃。人们吃后浑身变暖，两耳发热，冻耳很快就好了。此后，人们纷纷仿效，吃饺子的习俗便流传开来。

六、守岁

除夕守岁是最重要的年俗活动之一，守岁之俗由来已久。最早记载见于西晋周处的《风土志》：除夕之夜，互相赠送美食，称为"馈岁"；酒食相邀，称为"别岁"；长幼聚饮，祝颂之后，称为"分岁"；大家冬夜不眠，以待天明，称为"守岁"。

守岁风俗唐宋为盛。除夕之夜，家人团聚在一起谈心、沟通、交流、叙情、叙旧，守除夕是我们国民俗活动中规矩最多的一夜。"一夜连双岁，五更分两年。"除夕守夜表达了人们珍惜时间、珍爱生命，既有对即将逝去旧岁的留恋之情，也有对即将来临的新年寄托祥瑞的心愿和希望。唐太宗李世民曾写有《守岁》诗："寒辞去冬雪，暖带入春风。"表现除夕之夜守岁迎新之情形。另外一首《守岁》诗中写道："相邀守岁阿戎家，蜡炬传红向碧纱。三十六旬都浪过，偏从此夜惜年华。"表达了珍惜年华之情。苏轼写下了《守岁》名句："明年岂无年，心事恐蹉跎，努力尽今夕，少年犹可夸！"由此可见除夕守岁的积极意义。人们守岁时往往一边品尝各种糕点瓜果，一边进行各种游戏及棋牌活动。

七、压岁钱

压岁钱，是过年风俗中极富特色的一种祈福形式，表达了人们对新的一年的美好祝福和期盼。发压岁钱的风俗始于魏晋，盛于唐，过年时老人、长者给晚辈、儿孙发压岁钱，以资鼓励，寄托希望，表达了尊老爱幼的美好风尚。孩子们最期待除夕，他们给长辈拜年，长辈给晚辈压岁钱，是希望晚辈平安幸福，远离灾难。

八、鞭炮、祭祖和讨口彩

春节早晨，开门大吉，先放爆竹，叫作"开门炮仗"。爆竹响后，碎红满地，称为满堂红、红火瑞气，喜气洋洋。鞭炮起源于"庭燎"，有八千多年的历史。最早在新年时，人们撞钟、放炮、鸣响，用以除旧岁、求吉祥、迎平安。火药发明以后，就制作了鞭炮，鞭炮一响，年关已到，烘托了浓厚的过年气氛。鞭炮多在午夜交子时开始，在"岁之元、月之元、时之元"的三元时刻，新年钟声敲响，爆竹声声。有的地方还在庭院里垒"旺火"，以示旺气通天，兴隆繁盛。在熊熊燃烧的旺火周围，孩子们放爆竹。屋内是通明的灯火，庭院是灿烂的火花，屋外是震天的炮声，把除夕的热闹气氛推向了高潮。历代的诗人总是以最美好的诗句赞颂新年的来临。王安石的《元日》诗描绘了人们欢度新春佳节的喜庆情景。清代潘荣陛在《帝京岁时纪胜》一书中，对除夕放爆竹作了生动记载："除夕之次，子夜相交，门外宝炬争辉，玉珂竞响。而爆竹如击浪轰雷，遍乎朝野，彻夜不停。"

九、拜年

拜年是春节的一项重要活动，去亲朋好友家和乡邻那里祝贺新春，旧称拜年。汉族拜年之风，汉代已有，唐宋之后盛行。有些不必身前往的，可用名帖投贺，东汉时称为"刺"，故名片又称"名刺"。明代之后，许多人在家门口贴一红纸袋，专收名帖，叫"门簿"。

从正月初一，挚友亲朋，走家串户，登门拜年，作揖道喜，送"名刺""通刺"，相互祝愿。拜年有公私之分，沟通了人际关系，是我们文明礼仪之邦的亲和表现。拜年一般从家里开始，初一早晨，晚辈起床后，要先给长辈拜年，祝福长辈健康长寿，万事如意。给家中长辈拜完年后，人们外出相遇时都要笑容满面地恭贺新年，互道"恭喜发财""新年快乐"等吉祥语。《东京梦华录》中描写北宋汴京新年时记："正月一日年节，开封府放关扑三日，士庶自早互相庆贺。"明代陆容在《菽园杂记》述："京师元旦日，上自朝官，下至庶人，往来交错道路者连日，谓之'拜年'。然士庶拜其亲友多出实心。朝官往来则泛爱不专……"

第四节 春节民俗体育活动

爆竹声中辞旧岁，人们在春节举行各种各样的活动迎新春、过大年，多样化的民俗活动蕴含了丰富的文化内涵。春节民俗活动可归纳为八大类，分别是祭祀、交际、饮宴、游乐、竞技、卫生、伦理、审美等。其中，大量的社火和游戏的民俗活动中皆融汇有体育活动的元素，内容丰富多彩，美不胜收。

一、社火

社火产生的年代相当久远，它是随着古老的祭祀活动而逐渐形成的。远古时的人类正处于幼稚时期，生产力极其低下，原始先民们对人类的生死，及自然界的许多现象如对日月、灾荒等既不能抗拒，也不可能理解，只能幻想借助于超自然的力量来主宰它，于是创造出各种各样的神。当社会生产由渔猎转入农耕，土地便成了人类赖以生存的基础，于是渴望风调雨顺、农作丰收或驱鬼、逐疫的祈禳性祭祀活动便产生了。

社神即土神，又名后土，它是统治者和民众崇拜的神祇。民俗学家顾颉刚先生在《古史辨》第一册"首序"中是这样记述社的："社是土地之神，从天子到庶民立有不等的社。""……乡村祭神的结会，迎神送祟的庙会，朝顶进香的香会，都是社火的变相。"社日是我国古代春秋两次祭祀土神的日子。春社在立春后的第五个戊日，秋社在立秋后的第五个戌日。古时农村在社日里聚会，于是便有了社火、社戏。唐代张演《社日》诗云："桑柘影斜春社散，家家扶得醉人归。"随着社会的发展，社日已基本失传，但社火至今仍盛行。

社火起源于人们对土地和火的祭祀，《礼记·祭法》："共工氏之霸，九州也，其子曰后土，能平九州，故祀以为社。"由于中国古代是农耕社会，土地是人们的立足之本，它为人类生存、发展奠定了物质基础。火，是取暖之源，也是人们生存、生活所不可缺少的。我国先民认为火是有"灵性的"，自然作为神加以崇拜。另外，社火的源起与远古时的图腾崇拜、原始歌舞也有一定的渊源关系。图腾崇拜在我国历史上经历了极为漫长的时间，原始社会的人们，把本氏族的图腾标志雕刻在石壁、木柱或刺在身上，画在脸上，有的还制成面具，每逢祭祀的时节，人们在身上绘有图腾图案或戴上图腾面具，边击打着劳动工具，边跳着模拟图腾物的舞蹈，狂呼狂舞，祈望所崇拜的图腾能给予他们一种神奇的力量。商周时期（公元前11世纪～公元前256年），宫廷里就有了逐鬼的祭祀仪式，周代称之为"大傩"，是一种带有巫术性的舞蹈，《论语义疏》称："傩者，逐疫鬼也。"《乐府杂录·驱傩》记："用方相氏，四人戴冠及面具。黄金为四目。衣熊裘，执戈，扬盾，口作'傩'、'傩'之声以逐疫也。"描述了驱傩者口唱巫术咒语，在室内到处乱打，以使鬼惧怕而逃遁。随着岁月的流逝，经朝历代，驱傩由宫廷传入民间，逐渐形成巨大的民俗礼仪活动，演变为乡村祭神、娱神、迎神的赛会，并加进杂戏表演。这种古老的习俗一直沿袭至今，每年正月初一至十五，北方许多地方都要举行盛大的、热闹非凡的社火活动。社火从根本上不再是表达人们对"神"的崇拜，而是演变成了一种内容健康、形式活泼、名目繁多、生动有趣的体育文化娱乐活动，同时也成为一种新的民俗。

春节期间的社火，是春节的一大民俗景观。据统计，汉族的民间艺术有千余种，有龙舞、狮舞、鼓舞、灯舞、傩舞、绸舞、扇舞、旱船、小车舞、高跷、竹马、抬阁、秧歌、霸王鞭等。其中龙、狮、鼓、灯、秧歌是我国的五大民间艺术，既含有舞蹈的艺术的成分，又含有体育的活动因素，至今延绵不息，深受百姓喜爱，而且内容越来越丰富，艺术水准、竞技水平越来越高，观赏性也越来越强，社火表演红红火火、欢乐喜庆，把中国的大年文化演绎得绚丽多彩。

二、游戏竞技

春节期间中华民族有"百戏杂陈"的风尚和习俗，各种民间技艺竞相展演，让人大饱眼福。春节期间的活动体现了年节风俗的多样性，既有拔河、杠子、双石、中幡等力量类活动，又有纸牌、酒令、骰子等娱乐活动，还有少林拳、太极拳等十八般武艺的表演。另外，抖空竹、踢毽子、玩风车等表演类活动丰富多彩，人们在玩乐中竞技、在竞技中玩乐。

在古代，春节的民俗活动还包含有多种具有竞技性和益智性的传统体育活动。诸如弄丸、踢球、骑竹马、打陀螺、六博棋、投壶、猴戏、鱼戏、高跷、木偶、老鹰捉小鸡、藏钩图、杂技等。近代还有推牌九、麻将、升官图、卧游山湖、葫芦问等。

（一）六博棋

六博棋是古代棋戏的一种，在春秋战国和秦汉时期都非常盛行（图4-1）。关于六博棋的产生年代应在春秋战国以前。《楚辞·招魂》中有一段话叙述六博棋的形制和比赛方法："菎蔽象棋，有六博些。分曹并进，遒相迫些。成枭而牟，呼五白些"。说明当时六博棋的棋制是由棋、局、箸三个部分组成。棋是在局盘上行走的象形棋子，由象牙制成，每方各六枚，一枭五散，故称六博棋。局就是棋盘，方形并有曲道。箸就像骰子，用竹子制成，长为六分，用于投掷。贵族人家用菎即玉来做装饰，以显其珍贵。棋子在局盘上行走，以投箸决定行棋的步数。

图4-1 六博棋（南越王墓博物馆藏）

六博棋比赛时，由两人对局或两组联赛，方法是"投六箸，行六棋"。先投箸，后行棋，斗智又斗巧。行棋时要讲究技巧，相互攻逼，务使对方死棋。棋走到最后的关键时刻，当投箸投成"五白"，可以任意杀对方重要棋子而取得倍胜（牟），并迸发出胜利的呼声。

春秋战国时期，六博成为人们十分喜爱的娱乐活动，当时称博戏。秦汉时期，博戏更加流行，当时的最高统治者如汉代的文帝、景帝、武帝、昭帝、宣帝都很喜爱博戏。西汉时朝廷里设有博待诏官，善博的人在社会上享有较高的地位并受到人们的尊敬。汉代还出现了专门研究博术的人和著作。战国时期的一套完整的六博棋具包括桐（棋局）、棋（棋子）、箸（相当于后世的骰子），汉代时有些博具中开始使用茕（骰子）代替博箸。六博棋的棋子多以象牙、玉石或金属制成，12枚棋子分黑红或黑白两组，长方体和立方体两种形状，每组均大小相同，每方6枚有一枚称枭，五枚称散，也有称卢、雉、犊的，因此棋子也有一大五小的。棋子布于博局，博局也称"椐"，多为木质方形，盘面髹黑漆，也有白漆的，有一方形大框，框内中部是一方框，周边有T、L、V、I形的棋路，名"曲道"，共十二个，四角处有四个圆点。

博指博箸，每套博具中有6根箸，行棋前要先投箸，据投箸结果进行行棋，博箸是用半边细竹管，中间填金属粉再髹漆而成，剖面呈新月形，这样投掷时就能够正反不同，便出现不同数目的筹码。西汉时出现代替博箸的茕，多用竹、木、骨等材料，有正方体、十八面体等不同形制，18面体的球形物其中16面刻数字1~16，另外相对的两面上刻2字，有胜负之意，有用1茕或2茕的。另外还有数量不等的竹片制成的博筹，用来计算对博双方的输赢情况。

六博行棋方法主要分为"大博"和"小博",主要差别在大博用六根箸当色子;小博用两棵茕。南北朝的《颜氏家训·杂艺》记载:"古为大博则六箸,小博则二茕,今无晓者。比世所行,一茕十二棋,数术浅短,不足可玩"。

文人墨客对于六博亦多有诗词描述。唐代诗人李白《相和歌辞.猛虎行》:"有时六博快壮心,绕床三匝呼一掷。"《梁园吟》:"连呼五白行六博,分曹赌酒酣驰辉。"韩愈《送灵师》写道:"六博在一掷,枭卢叱回旋。"清学者田兰芳《皇清太学生信菴袁公(袁可立孙)墓志铭》:"家素贵,无一切纨绔狗马声色饮酒六博及鐕(鐕)核持筹之习,亦无狎朋昵友优伶娼交之往来。"从这些诗文之描述,可以想见六博棋在各时代的流行。在出土的汉画像石中有不少六博的图案(图4-2)。

图4-2 汉画像石《六博图》
(江苏徐州出土)

(二)投壶

投壶既是一种礼仪,又是一种游戏。《礼记》《大戴礼记》都有《投壶》篇专门记述。投壶源自射礼,郑注《礼记》云:"投壶,射之细也。"又司马光《投壶新格》云:"其始必于燕饮之间,谋以乐宾,或病于不能射也,举席间之器以寄射节焉。"由此可知,投壶是由于场地因素或个人因素的限制不能举行射礼而采取的权宜之计。因此投壶与射礼在仪节上有许多相似之处,如二者都以司射为仪式的主持者,二者都用《狸首》为节等。投壶礼举行时,宾主双方轮流以无镞之矢投于壶中,每人四矢,多中者为胜,负方饮酒作罚。《左传·昭公十二年》载:"晋侯以齐侯宴,中行穆子相,投壶。"在两国诸侯宴饮中也举行投壶,可见,投壶在春秋时代已成为一种正规礼仪。

作为礼仪的一种,投壶不仅继承了射礼的礼节,还继承了射礼正己修身的礼义,正如清徐士恺《投壶仪节》云:"投壶乃射礼之变也。"宋吕大临在《礼记传》中云:"投壶,射之细也。燕饮有射以乐宾,以习容而讲艺也。"投壶之礼,需将箭矢的端首掷入壶内才算投中;要依次投矢,抢先连投者投入亦不予计分;投中获胜者罚不胜者饮酒。投壶活动具体分以下四个步骤:

第一,投壶之礼开始。

第二,三请三让。主人奉矢到宾面前。主人请曰:"某有枉矢哨壶,请乐宾。"宾曰:"子有旨酒嘉肴,又重以乐,敢辞。"主人曰:"枉矢哨壶,不足辞也,敢以请。"宾曰:"某赐旨酒嘉肴,又重以乐,敢固辞。"主人曰:"枉矢哨壶,不足辞也,敢固以请。"宾对曰:

"某固辞不得命，敢不敬从？（见〔汉〕戴德编著《大戴礼记》）"宾向主人行拜礼，接受主人奉上的四只矢。主人答拜。宾主相互行揖礼，于宾主席上正坐，面对壶所在的席之方位，做好投壶准备。

第三，进壶。司射把两尊壶放到宾主席对面的席子上（壶离主宾席位的距离为二矢半），分别正对宾与主人。返回司射席位。向宾主宣布比赛规则，即投壶之礼，再令乐工奏《狸首》。比赛开始。《狸首》，《诗经》名篇，瑟曲，已失传。今可用琴曲《鹿鸣》替代。投壶动作应与节奏相和。

第四，投壶宾主依次投壶，将八支矢投完，为一局。

春秋战国时期，诸侯宴请宾客时的礼仪之一就是请客人射箭。那时，成年男子不会射箭被视为耻辱，主人请客人射箭，客人是不能推辞的。后来，有的客人确实不会射箭，就用箭投酒壶代替。久而久之，投壶就代替了射箭，成为宴饮时的一种游戏。

投壶在战国时期得到相当发展，当时的文人们倾向于内心修养，投壶这种从容安详、讲究礼节的活动，正适合他们的需要。此外，由于社会发展，中国民间以投壶为乐的现象越来越普遍。《礼记·投壶》说："投壶者，主人与客燕饮讲论才艺之礼也。"

南阳汉画像石中有《投壶图》（图4-3），图中间是主宾两人对坐投壶，旁有侍者三人。投壶虽然已不是正规的礼仪，但仍是一种高雅的活动。据《东观汉记》记载，东汉的大将祭遵，"取士皆用儒术，对酒娱乐，必雅歌投壶。"投壶和雅歌连在一起，成为儒士生活的特征。

图4-3 汉画像石《投壶图》（河南南阳汉画馆藏）

汉代的投壶方法较春秋战国时期有极大改进。原来的投壶是在壶中装满红小豆，使投入的箭杆不会跃出。汉代不在壶中装红小豆，可使箭杆跃出，抓住重投；可以一连投百余次，"谓之为骁"。《西京杂记》说，汉武帝时有一个郭舍人善投壶，可以"一矢百余反""每为武帝投壶，辄赐金帛"。

秦汉以后废除了射礼，投壶便成为一种宴宾的娱乐。它在士大夫阶层中盛行不衰，每逢宴饮，必有"雅歌投壶"的节目助兴。在流传过程中，游戏的难度增加了，不仅产生了许多新名目，还有人别出心裁在壶外设置屏风盲投，或背坐反投。

魏晋时也流行投壶，晋代则在广泛开展投壶活动中，对投壶的壶也有所改进，即在壶口两旁增添两耳。因此在投壶的花式上就多了许多名目，如"依耳""贯耳""倒耳""连中""全壶"等。

宋元时期，投壶仍在士大夫中盛行。宋代大儒司马光对投壶有悖于古礼而娱乐化的趋势颇为不满。他根据封建礼节对投壶做了全面的总结，竭力使其达到教育目的。他说："投壶可以治心，可以修身，可以为国，可以观人。何以言之？夫投壶者不使之过，亦不使之不及，所以为中也。不使之偏波流散，所以为正也。中正，道之根底也。"他还对投壶的名称和计分规则，以"礼"的眼光，做了修改。司马光的意见，使投壶染上了政治色彩。

司马光更定的新格即《投壶新格》一卷，作于宋神宗熙宁五年（1072年）。在投壶方式上，司马光定有"有初"（第一箭入壶者）、"连中"（第二箭连中）、"贯耳"（投入壶耳者）、"散箭"（第一箭不入壶，第二箭起投入者）、"全壶"（箭箭都中者）、"有终"（末箭入壶者）、"骁箭"（投入壶中之箭反跃出来，接着又投入中者）等。

投壶这项活动，东汉以前礼教意味甚浓，魏晋南北朝开始向技艺多样化发展，增强了娱乐性。隋唐亦如此。《投壶新格》中反映了千年来投壶多样化的内容。司马光"更新定格，增损旧图"，对投法加以限制，实际阻碍了这项活动向技艺多样化、复杂化发展，某种程度上也影响了它的娱乐性。但这种"改进"对巩固当时统治政权有益。因此，《投壶新格》在明清两代不断被士大夫重刊。

明朝以后，投壶并未拘泥旧法，而是随着社会发展日益繁盛，进入新的发展阶段。明代也有不少投壶著述。如明末侯（王向）《投壶奏矢》称，当时的投法有140种之多。到了清朝，投壶日趋衰落。不过，到清朝末年宫中也还在流传。如今，北京中山公园内还有一个十字形亭子，叫"投壶亭"。公园还保存了六只古代铜质投壶，这大概是清代皇帝的遗物。

投壶几经演变，流传了两千多年，一度极为兴盛，在士大夫中玩得热火朝天。之所以如此，首先因为它是一项"古礼"，士大夫们认为是一种雅致的娱乐，符合他们的生活方式，乐于接受。其次，这种娱乐本身可以修身养性，并有健身的意义。

投壶虽然从最初的礼仪演变成娱乐游戏，但它始终伴随着一整套烦琐的礼节，没有完全割断同"礼仪"的联系。这使投壶的流传范围变得狭窄，只限于士大夫阶层。到了清末，随着西方现代体育的传入，投壶退出了历史舞台。

（三）升官图

升官图又名彩选格、选官图，是流行于老北京一款游戏，它存世千年，遗憾的是一度作为封建糟粕被禁止。

升官图用转动陀螺来博戏，陀螺上有文字，分别是"德、才、功、赃"四个字，停止时文字是多少，转动方就可以折合为棋盘上走几格，每格标识的官位不同，比赛者从"白丁"出发，谁先走到棋盘中心的"太师""太保""太傅"的位置，谁就算取得胜利。如陀螺停止时出现"赃"字，则要扣分，棋子要相应后退。

这种游戏可以帮助儿童迅速了解当时朝廷组织架构，此外官位通过"德、才、功"晋升，而贪赃枉法则会退步，也是一种寓教于乐的方式。民国之后，还出现了从小学生到大总统的升官图游戏。各种升官图游戏虽然形式不同，但基本规则和玩法却是完全一样的。

历代"升官图"都有变化，在不同时期，"升官图"的样式不同。近年来考古发现，汉代画像砖中已有"升官图"游戏场景，而孔家坡出土的汉简《日书》中《居官图》很可能就是最早的"升官图"棋盘（图4-4）。

唐代的李郃、宋代刘敞在《汉官仪新选》中，取西汉之官，称为选官图；宋代徐玑有绝句："砚乾笔秃墨糊涂，半夜敲门送省符。掷得么么监岳庙，恰如输了选官图。"首次将选官图（升官图）游戏写入了诗中。明代中期谢肇淛《五杂俎》写道："唐李郃有骰子选格，宋刘蒙叟、杨亿等有彩选格，即今升官图也……"清代乾隆年间史学家赵翼的《陔馀丛考》说："世俗局戏有升官图，开列大小官位于纸上，以明琼掷之，计点数之多寡，以定升降……今升官图一名百官铎，有明一代官制略备，以明琼掷之定迁擢，有赃则降罚，相传为倪鸿宝所造。"

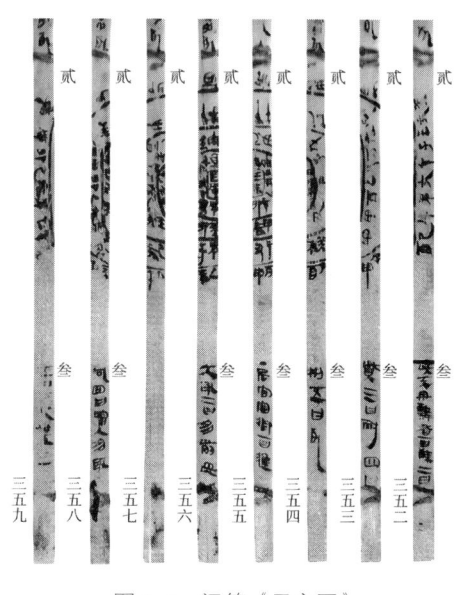

图4-4 汉简《居官图》
（湖北博物馆藏）

清代刘献廷《广阳杂记》卷四记载："予在衡署中度岁，日闻堂中竞掷'陞官图'喧笑，不知此中有何意味，而诸公耽之至此。"清代赵翼《陔馀丛考·陞官图》记载："世俗局戏有陞官图，开列大小官位于纸上，以明琼掷之，计点数之多寡，以定升降。"

在清代，"升官图"是守岁时必玩的游戏。据《海云堂随记》有关于"商民玩叶戏、扑老鸡、掷升官图、打满地锦者，在在皆是。"的记载，可知升官图游戏在民国初期仍可在民间寻得踪迹（图4-5）。

虽然这款游戏发明者的本意可能是积极的，但由于采用博彩形式，所以人们谈起这款游戏，多认为偶然性太大，有信自己不如信命的意味，随着传统的被污名化，这款游戏亦渐渐消失，只是在"飞行棋"等游戏中可见其影子。

图4-5 升官图（民国石印"升官图"游戏纸）

（四）踢毽子

毽子，又称毽球，是一项古老的传统民俗体育活动。在古代，它是所谓"杂技""杂戏""博戏""百戏"的一种。毽子，在古籍里又写作鞬、子、蹀。清人翟灏《通俗编》卷三十一"鞬子"条载："《吴氏字汇补》：'毽，抛足之戏具也'"。

毽子分毽铊和毽羽两部分，毽铊多用圆形的铅、锡、铁片或铜钱制成，毽羽多用翎毛。《燕京岁时记》载："毽儿者，垫以皮钱，衬以铜钱，束以雕翎，缚以皮带。"毽子的踢法甚多，清阮葵生《茶余客话》"踢毽"条说："其中套数家门，凡百十种。"

研究者普遍认为：毽子起源于汉代，由古代蹴鞠发展而来。盛行于南北朝和隋唐，已有两千多年的历史了。南北朝时期，人们已经能够熟练、巧妙地踢毽子了。唐代释道宣《高僧传》卷二《习禅·魏嵩岳少林寺天竺僧佛陀传》记载："沙门慧光年立十二，在天街井栏上，反踢踝,一连五百,众人喧竞异而观之。佛陀因见怪曰:此小儿世戏有工。"踝就是毽子,反踢就是用脚外侧踢,也叫"拐",反踢五百下,可见脚上功夫。踢毽子甚至影响了少林寺武功,少林寺僧曾把踢毽子作为一项练武的辅助功。

宋朝高承在《事物纪原》一书中,对踢毽子有较详细的记载:"今时小儿以铅锡为钱,装以鸡羽,呼为毽子,三四成群走踢,有里外廉、拖抢、耸膝、突肚、佛顶珠等各色。"由此可知,当时踢毽子有边跑边踢之法,且不光用脚踢,还用膝、腹、头耍弄毽子,做"耸膝""突肚""佛顶珠"的动作。南宋周密写的笔记《武林旧事》卷六"小经纪"条,列举了首都临安城(杭州)里经营包含毽子在内的各种游戏玩具的小商业,如风筝、粘竿、毽子、鹁鸽铃、象棋、弹弓等,并指明:"每一事率数十人,各专藉以为衣食之地。"

明清时期踢毽子有了进一步发展。明代散文学家刘侗在《帝京景物略》中写道:"杨柳儿青放空钟,杨柳儿死踢毽子。"清人潘荣陛《帝京岁时纪胜》记述北京民间踢毽子:"都门有专艺踢毽子者,手舞足蹈,不少停息,若首若面,若背若胸,团转相击,随其高下,动合机宜,不致坠落,亦博戏中之绝技矣。"清人翟灏编纂的《通俗编》"踢毽"条说:"今京市为此戏最工,顶额口鼻,肩背腹膺,皆可代足,一人能兼应数敌,自弄,则鞬子终日绕身不堕。"清末,踢毽子已达到鼎盛时期,参加的人越来越多,不仅用来锻炼身体,作养生之道,而且把踢毽子和书画、下棋、放风筝、养花鸟、唱二黄等并提,一些人以会踢毽子为荣。花瓶上也出现了匠人们绘制的踢毽图,画家也把踢毽子的场面画下来,清代风俗画集《北京民间风俗百图》里的踢毽图,就是现存的一幅(图4-6)。

踢毽子的趣味性强,运动量又可大可小,简便易行,吸引不同年龄阶层的男女老少参与其中,尤其清代妇女踢毽子更为引人注目。《清代北京竹枝词》描述:"青泉万迭雉朝飞,闲蹴鸾靴趁短衣。忘却玉弓相笑倦,攒花日夕未曾归。"当时女孩们爱玩名曰"攒花",即"数人更翻踢之"的踢毽游戏,为了玩得痛快,她们脱掉裙裳,身着短衣,沉醉其中,常常日暮而不归。清初著名词人陈维崧的《沁园春》词云:"娇困腾腾,深院清清,百无一为。向花冠尾畔,剪他翠羽;养娘箧底,检出朱提。裹用绡轻,制同毬转,簸尽墙阴一线儿。盈盈态,讶妙逾蹴鞠,巧甚弹棋。鞋帮只一些些,况滑腻纤松不自持。为频夸狷捷,立依金井,惯矜波悄,碍怕花枝。忽忆春郊,回头昨日,扶上栏杆剔鬓丝。垂杨外,有儿郎此伎,真惹人思。"描绘了一位清代女郎在清幽的深院里踢毽子的轻盈姿态,堪胜踢球、弹棋,饶有趣味。踢毽子在青少年中的开展也很普遍,当时就有这样的童谣:"一个毽儿,踢两半儿,打花鼓,绕

图4-6 踢毽子(《北京民间风俗百图》)

花线儿,里踢外拐,八仙过海,九十九,一百。"说明踢毽子已经到了相当普及的程度。

中国历史上有许多城乡有踢毽子的风俗,以至成为年节的岁时活动。如清代北京人踢毽子多在秋冬之季,以此为"天寒时消遣之一法"。《燕京岁时记》上说踢毽子"足以活血御寒"。清前因居士《日下新讴》里有一首诗:"杨柳抽青复陨黄,儿童镇日聚如狂。空钟放罢寒冬近,又见围喧踢毽场。"每当杨柳凋零,天气寒冷的时候,踢毽子就热闹起来了。塞外承德更有"踢毽之乡"的美誉,旧时,几乎家家有毽,人人会踢。一到新年,人们结伴成群,上街踢毽,一时彩蝶纷飞,似闻春讯。清代广州正月十五有踢毽子会,清初文学家屈大均写的《广东新语》卷九《事语·广州时序》记载了每逢元宵节,"昼则踢五仙观,有大小,其踢大者市井人,踢小者豪贵子"。热闹的踢毽子活动,使元宵佳节锦上添花。

虽然踢毽子在历史上被视为"不登大雅之堂"的"雕虫小技",但由于它有益健康又有趣,更重要的是它根植于中国民间,有着很强的生命力,历经千年,仍然是人们喜欢的一种体育游戏。

现代毽子类运动的诞生和发展起步于20世纪中期,包括毽球和花样踢毽两个项目。现代毽子类运动从初兴就得到了政府及社会各界的积极倡导和大力支持,广泛开展于工厂、学校和机关事业单位当中。随着毽球类运动的蓬勃兴旺,全国和地方性毽球组织相继成立(图4-7)。

此外,清代人顾禄在《清嘉录》还记载了其他众多体育活动、杂技和魔术表演:

图4-7 踢毽子(宣传画)

"杂耍诸戏,来自四方,各献所长,以娱游客之目。如立竿百仞,建帜于颠,一人盘空拔帜,如升之外木,谓之'高竿'。索上长绳,系两头于梁,举其中央,两人各从一头上,交相度,谓之'走索'。小儿缘长竿倒立,寻复去手,久之,垂手翻身而下,谓之'穿跟斗'。长剑直插入喉嗦,谓之'吞剑'。取所配刀,令人尽力刺其腹,刀摧腹皤,谓之'弄刀'。磁瓷甓于拳以手空中抓之,令盘旋腰、腹及两腋两股,瞥其落,或以瓷盆置竿首,两手交换,或飞盆空际,仍落原竿之上,谓之'舞盆'。置丈许木于足下,可以超乘,谓之'踏高跷'。以毯覆地,变化什物,谓之'撮戏法'。以大碗水覆毯,令隐去,谓之'飞水'。置五红豆于掌上,令其自去,谓之'摘豆'。以钱十枚,呼之成五色,谓之'大变金钱'。""两人裸体相扑,谓之摆架子"。描述了高竿、走索、穿跟斗等体育活动,此类活动需要超强的平衡能力和胆识;"弄刀"则类似于现在的硬气功表演;而"摆架子"则是摔跤运动。

（五）舞龙

舞龙也称"耍龙灯"或"舞龙灯"，是我国独具特色的民间娱乐活动。从春节到元宵灯节，我国城乡广大地区都有舞龙的习俗。经过千百年的沿袭、发展，舞龙已成为一种形式活泼、表演优美、带有浪漫色彩的民间传统体育活动。在古代人们用舞龙祈祷龙的保佑，以求得风调雨顺，五谷丰登。它包含了天人和谐、造福人类的文化内涵，是中国人在吉庆和祝福时节最常见的娱乐方式，气氛热烈，催人振奋。

舞龙起源甚早，上古时期就有了春、夏设土偶龙、木偶龙祈雨祭龙的仪式。商代甲骨文中已有"龙"字，《甲骨文合编》记载："其作龙与凡田，又雨。"

汉初，高祖刘邦又令立灵星祠，祭神农后稷。舞龙祈雨在先秦时期已开始流行，到汉代已具相当规模，形式也多有讲究。据董仲舒《春秋繁露》载："春旱求雨……以甲乙日为大苍龙一，长八丈，居中央；为小龙七，各长四丈，于东方。皆东乡，其间相去八尺。小童八人，皆斋三日，服青衣而舞之。"汉代人春旱求雨舞青龙，炎夏求雨舞赤龙或黄龙，秋季求雨舞白龙，冬天求雨舞黑龙。并且这些龙长达数丈，每次出动五至九条不等。

以娱神娱己为目的舞龙可追溯到汉代的"鱼龙曼延"。东汉张衡在《西京赋》生动地记载了"曼延之戏"。《汉书·西域传赞》载："孝武之世……设酒池肉林以飨四夷之客，作巴俞、都卢、海中、砀极、漫衍、鱼龙、角抵之戏以观视之。"按唐学者颜师古的解释，巴俞、都卢、海中、砀极都是歌舞名，而"鱼龙"，则是由人装扮成的鱼和龙的形象。蔡质在《汉仪》中记载："正月旦，天子幸德阳殿，临轩。……作九宾彻乐，舍利从西方来，戏于庭前，极乃毕。入殿前激水，化为比目鱼，跳跃漱水，作雾障目。毕，化作黄龙长八尺，出水敖戏于庭，炫耀日光"（图4-8）。这是对当时百戏中"鱼龙曼延"的生动描写，又名"黄龙变"。由此看来，"鱼""龙"，当是一种由人装扮成巨鱼和巨龙来进行表演的。《西京赋》中有"巨兽百寻，

图4-8 汉画像石《鱼龙曼延》（局部）

是为曼延"之句，薛综注曰："作大兽，长八十丈，所谓鱼龙曼延也。"由此推断，"曼延"是"假作兽以戏"，是由人扮演成各种巨兽的舞蹈。"鱼龙"当是其中典型的主要的一种，因而称作"鱼龙曼延"。"鱼龙曼延"从汉至唐，延续了将近七八百年的时间，唐以后，整体上逐渐失传，后世传留下来的，只是其中的部分节目。民间的龙舞、狮子舞、麒麟舞等，可视作对"鱼龙曼延"的传承和演变。

到了宋代由于商业的繁荣，都市文化的兴起，勾栏瓦舍里的民间说唱、娱乐、市井艺术一派新气象。南宋词人辛弃疾在《青玉案》中写道："东风夜放花千树，更吹落，星如雨。宝马雕车香满路。凤箫声动，玉壶光转，一夜鱼龙舞。"生动描写了元宵节满城灯火，游人如织，通宵欢乐的热闹景象。孟元老在《东京梦华录》曾写道：北宋时的汴梁（今河南开封），每逢元宵节，"各以草把缚成戏龙之状，用青幕遮笼，草上密置灯烛万盏，望之蜿蜒如双龙飞走。"南宋吴自牧在《梦粱录》中记道："元宵之夜……草缚成龙，用青幕遮草上，密置灯烛万盏，望之蜿蜒如双龙之状。"后世对于舞龙也称"舞龙灯"，这种风俗一直传承至后世。《岭南杂记》记载："潮州灯节又鱼龙之戏。"

清代是我国舞龙发展的高峰，不但讲究龙的姿态，而且讲究龙的腾飞冲天之象（图4-9）。李渔的《龙灯赋》描写了舞龙的精彩盛况："何物神龙，化为祝融。逃乎水族，宅于火中。忽过疑电，远眺犹虹。明月失照，晴霞敛烘。尔乃笙歌队里，游群济济。突如其来，夭矫莫比。或蟠或伸，倏行倏止。……行将飞而上天兮，旦宇宙而不夜；不则潜而入海兮，照水国以夺犀"。

图4-9 清同治粉彩婴戏舞龙图花口碗
（四川大学博物馆藏）

清时期舞龙向着祭祀和娱乐两方面发展，而节俗娱乐的舞龙成分越来越大。清代的许多诗句都有舞龙的记载，姚思勤的《龙灯》："灯街人似海，天矫烛龙蟠。雷骇千声鼓，琉珠一颗丹。擘天朱鬣怒，照夜火鳞乾。衔曜终飞去，休同曼延看。"其中"休同曼延看"，表明了那时的龙灯表演性的"龙舞"已经和汉唐以来的"曼延"之戏完全不同了；石方洛的《龙灯》："新年入，龙灯出。纸龙无数木龙一，木龙领袖主驱疫。蜿蜒玲珑八十节，节节有灯分五色，灯灯有人持其跋。群龙舞，一龙率，上下控纵不可测……"汪大伦《龙灯》："鳞甲攸喷火，飞腾照夜分。市场沸如海，人影从如云。"吴锡麟的《竹龙》："岂是葛陂化，金鳞闪几重。笑他骑竹马，又欲舞仙筇。赤手一群扑，青云何日从。叶公能好此，婉转叹犹龙。"从以上诗句可见清代舞龙的盛行，且种类多样，有"火龙""烛龙""纸龙""木龙""竹龙"等。

随着国家对传统文化的日益重视，舞龙运动得到了前所未有的发展，至今已形成了形形色色、各具风格的舞龙。以造型、气势、神态或舞姿为自己鲜明的特点和"绝活"。在我国传统的喜庆节日和重大活动期间都能见到欢庆的舞龙和激扬的锣鼓。

民间相信通过舞龙能带来幸福，便将龙当作一种神来奉祀，祈神庇佑、赐福、保平安。通过舞龙可以达到求雨祈福、兴旺添丁、辟邪纳福的内在需求和美好愿望。

祈雨、祈福，是舞龙最基本的意蕴，在一个靠天吃饭的农业社会，雨水是影响收成的主要因素。在民间，龙是"九江八河五湖四海行雨之神"，祷龙祈雨便成为中国农村常见的活动，舞龙便是其中之一，因此每当大旱或收成的季节，民间就会使用各种不同的仪式向龙王祈祷，以求龙能普降甘霖，润泽农作物。《周礼·春官·司巫》："若国大旱，则帅巫而舞雩。"《论语·先进》："浴乎沂，风乎舞雩，咏而归。"上古先民排成逶迤的队形，模仿龙的动作，舞动行进，以求雨祈福，这种活动称为"舞雩"。汉代的舞龙是先秦"舞雩"的发展。后世的舞龙，大都包含有祈雨祈福的意味。如流行于湖南省湘西山区的舞龙，出灯前，每对灯都要下到江边"吸水"，以保证龙吸饱水，使降雨充足，然后再挨家挨户祝福吉祥。又如南方有些地方流行的舞草龙，等舞龙结束时，在喧天的锣鼓鞭炮声中，恭恭敬敬地将草龙送到江河溪潭之中。其用意也是让龙回龙宫，以保佑一方地面风调雨顺。

旺丁兴族是舞龙的深一层寓意，其根据是"灯"与"丁"的谐音象征。中国民间有元宵节做"吉灯"（谐音"吉丁"）、"天灯"（谐音"添丁"）、用面粉捏制的"十二生肖灯"（生肖与生育关系密切）、"送灯"（谐音"送丁"）、"偷灯"，尤其是偷庙里的"莲灯"（谐音"连丁"）、"迎花灯"（谐音"迎花丁"）等习俗，这些灯俗，都含有繁盛人丁、兴旺家族，为下一代的健康成长求吉祈福的意思。龙灯也是灯，谐音"龙丁"在中国各地舞龙活动中，常有一些与"龙丁"相关的程式、讲究和说辞。近代舞龙还有祈生育和祛病的意味，《中华全国风俗志》下卷（六）介绍："（长沙）妇人不生育者，每于龙灯到家时，加送封仪，以龙身绕妇人一次，又将龙身缩短，上骑一小孩，在堂前行绕一周，谓之麒麟送子。纸龙用麻绳作须，浅识者以多钱购剪服之，谓之可治一切疾病。"

全国的舞龙丰富多彩，经过几千年的流传和发展，表现的形式更是多种多样。在舞龙的传承过程中，各地逐渐地具有了不同地方的风格和特点。根据统计，广东的舞龙活动颇具代表性。据《香山县志》记载："唐贞观年间，南粤香山人兴舞龙首龙尾，先游市，再入寺，洒净水于佛。"又载："四月八日浮屠浴佛，诸神庙雕饰木龙，细民金鼓旗帜醉舞中衢……"可见广东在唐代就有了舞龙的习俗。

舞龙名目繁多，千姿百态，常见的有布龙、彩龙木龙之外，还有中山醉龙、丰顺火龙、罗定香火龙、四会蕉叶龙、新会沙龙、东海岛人龙、紫莱金龙、大埔乌龙、西关草叶龙、梅县板凳龙等。造型奇特，舞姿各异。有资料显示，全国舞龙共72种，广东就占了36种，这与广东水域广阔，人们与鱼蛇（小龙）关系密切有关，广东地处有龙潭、龙宫、龙洞、龙山等。说明古代岭南的确是群龙聚首的王国。每一种龙，就是一个分支图腾的标志，各族团为强化自己的形象，就以本图腾的崇拜物起舞，这些舞蹈后来又与原始宗教、巫术、娱乐交织在一起，逐渐形成具有自己独特风格的舞蹈，至今逢年过节、神诞赛会上人们都会舞龙，不同的舞龙活动寄托着人们不同的理想和愿望。

舞金龙。舞金龙在唐贞观年间已有记载。初时以檀木雕龙头，重约20千克。金龙长75米，圆周长度1.41米，共19节，由31人舞。按各地传统，龙的节数应为单数（传说龙的脊骨是单数）。出动时衬以彩旗、龙牌、龙珠、锣鼓等。先由龙珠开路，大鼓殿后助威，金龙起舞，首尾呼应，金鳞闪闪，矫健如飞，璀璨夺目。舞金龙也有一套程式，如走龙圈，龙滚单、双柱，龙戏珠，跃龙门，龙卷尾等舞蹈动作。起舞时翻滚多姿，活灵活现，加之锣鼓齐鸣，使精神振奋（图4-10）。在众多的龙中，以制作精巧华丽、身形巨大、舞艺精湛而蜚声海内外的江门市郊紫莱金龙，尤为人们所津津乐道。紫莱金龙分头、身、尾三部分。龙头巨大，造工精巧，龙尾特长，摆动有力，全身满披金鳞，舞动时金光耀目，气势磅礴。紫莱金龙舞艺精彩，套路众多；游行时有平行、玩沙、翻脊、走"之"字；盘龙时有平行、玩沙、螺形；阵法则有棋盘、五星、梅花、榄形、花篮、双飞蝶、跳龙门等。舞演时配备几套人马，轮番替换：龙头12人，龙尾12人，龙身1~20节，每节3人，21~30节每节5人，龙珠8人，鲤鱼3人，还有扛头牌、大旗、横标人员和锣鼓手等，共260人。出动时浩浩荡荡，气势迫人。

图4-10 舞金龙

舞火龙。舞火龙有些地方也叫香火龙。用30个小猪笼作龙身、龙尾，其中塞满稻草，一节节用夏布覆盖，画上龙鳞、龙身，下面安装竹柄，以便举起舞动。用一株长两三米，枝多叶茂的榕树作龙头，在树枝上扎满稻草。龙头、龙身、龙尾用绳串联在一起，在龙身上插满香。每人舞动一节，左右摇摆，另有人在前边舞龙珠带路，多名锣鼓手在后。舞龙的人必须是男性青年，头戴小草帽，赤膊，下身穿牛头短裤，表现得十分英武强壮。舞火龙在艺术上也有一套程式，有龙滚柱、龙滚月、龙会门、龙翻珠、龙登天、龙穿雾、龙戏水、龙转云、龙朝佛等。

丰顺埔寨的火龙舞动则给人以震撼，每逢元宵佳节或盛大庆典均举行"烧火龙""烧烟架""烧禹门"等文娱活动，以庆丰收，迎新岁、风调雨顺（图4-11）。丰顺"火龙"的制作方法，起初是用竹篾做成龙的躯体，再裱上白纸，涂上颜色，就成一条简单的龙的形象，再用硫黄、白硝、木炭制成的火药，做成"土火箭"，还有吐珠、转花、大犁等不同式样的烟花，安装在龙的全身。到了元宵晚上，方圆几十里群众，从四面八方涌到这里来，观看烧火龙这个精彩表演。经过几百年来艺人不断研究改进，如今火龙由原来丈把长，发展到现在30多米长；烟架也由原来五七架，发展到现在多的有13架，高达15米。火龙舞主要由"烧烟架""烧禹门"（鲤鱼跳龙门）和"烧火龙"等过程组成。

图4-11 丰顺火龙

人龙舞。东海岛人龙舞，当地民间又叫"耍龙"。人龙舞诞生于四百多年前，至今仍然在湛江市东海岛区域占有主流民俗地位，素有"东方一绝"的美称。古籍《海康县续志—风俗》记载："龙舞，舞龙者一人为头，后为龙尾，次一人直手抱前者脚夹后者，挨次第抬向街直走，则念曰：骑龙头、龙头落下水，骑龙尾竖上天。"人龙舞始于明末清初，产生于游戏。农闲时为寻开心，大人便扛着小孩与另一对父子在康王庙前斗力斗智，谁先把谁拉倒就胜出,"人龙舞"由此应运而生。"人龙舞"不用道具,不用服饰,从龙头、龙身到龙尾,从龙舌、龙眼到龙角,全由真人扮演,形成一条"巨龙"。表演时,几十至数百名青壮年和少年均穿短裤,以人体相接,组成一条"长龙"(图4-12)。

图4-12　东海岛人龙舞

在锣鼓震天、号角齐鸣中,"长龙"龙头高昂,龙身翻腾,龙尾劲摆,一如蛟龙出海,排山倒海,势不可挡,显现出独特的海岛色彩和浓厚的乡土气息,是东海岛乃至雷州半岛经久不衰的民间风俗和大型广场娱乐活动的重要组成部分。每逢春节、元宵、中秋佳节和一些重大喜庆节日,必连舞几个晚上"人龙",东西两街户户张灯结彩,家家倾巢而出,人流如潮,热闹非凡。"人龙舞"有起龙、龙点头、龙穿云、龙卷浪等独具特色的表演程式,表演者练就了快速托人上肩的稳健动作和步法,队形流畅多变,动作一气呵成,远望动感十足,近观粗犷雄壮,成为中华龙文化延伸与发展的重要组成部分。

中山醉龙。醉龙又称"剪龙""转龙",发源于中山市西区的长洲村,因起舞时"醉态朦胧"而得名(图4-13)。这种自发的即兴舞蹈,是中山本土独特的民间艺术。长洲醉龙源起宋代,盛于明清。活动时间为每年的农历四月八浴佛节祭祀后举行巡游活动。包括:拜祀、插金花、请龙、三拜九叩、喝酒、席间舞龙、灌酒、巡游。其最大特色是形醉意不醉,步醉心不醉。每逢农历四月初八,中山人都要舞醉龙。中山醉龙只有龙头和龙尾两截,龙头用木头雕刻,配上一副真鹿角,装上眼睛,活灵活现。起舞者故作醉态,举步轻飘,东倒西歪,龙尾随之摆动。中山醉龙融汇了南拳、醉拳、杂耍等技艺,要求表演者有一定的武术功底,马步如山、腰法灵醒,运用醉拳的套路,突出酒醉后舞木龙的形态。"形醉意不醉、步醉心不醉",时而伏地翻滚,时而金鸡独立,千姿百态,妙趣横生。舞醉龙常与舞醒狮相结合。一是山中霸、一为海上王,一山一海,一醉一醒,相当默契。

图4-13 中山醉龙

现代舞龙经过人们的大胆改革，取得了很大的发展。在制作上变得更复杂，组装技艺更精巧，身形巨大，别具一格。在音乐使用上，配以锣鼓，节奏鲜明快速，刚劲有力，雄壮激昂。表演上，前后左右回旋，多姿多彩，栩栩如生。同时更多地吸收南拳的动作和步法，在图形上采用丰富多彩优美的舞法。总之，在继承的基础上，大胆吸收舞蹈、武术的特点，形成独具风格、刚柔相济、姿态矫健、图形变幻莫测的舞法。

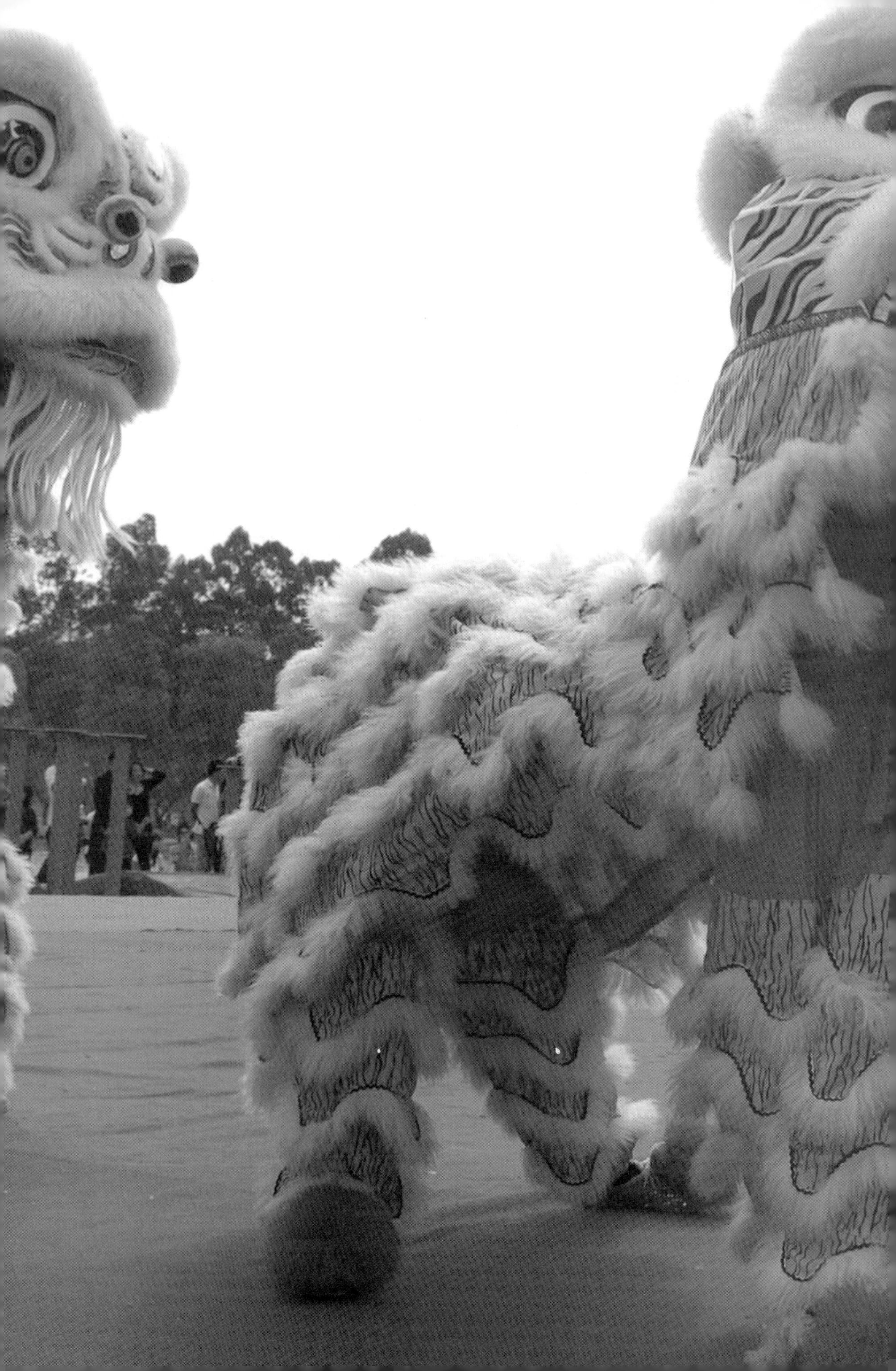

第五章
元宵节民俗体育

农历正月十五是中国的传统节日——元宵节。正月为元月，古人称夜为"宵"，而正月十五又是一年中第一个月圆之夜，所以称正月十五为元宵节，又称为小正月、上元节、元夕或灯节，是春节之后的第一个重要节日。上元，含有新的一年第一次月圆之夜的意思。

元宵节的形成有一个较长的过程，源于民间开灯祈福古俗。据资料与民俗传说记载，正月十五在西汉已经受到重视，正月十五元宵节真正成为全国民俗节日是在汉魏之后。元宵节具有红火、热闹的娱乐色彩游艺内容丰富的特点。

第一节　元宵节概说

元宵节是中国传统节日，元宵节的燃灯、赏灯是其活动的主要内容。据说元宵赏灯始于上古民众在乡间田野持火把驱赶虫兽，希望减轻虫害，祈祷获得好收成。直到今天，中国一些西南地区的人们还在正月十五用芦柴或树枝做成火把，成群结队高举火把在田头或晒谷场跳舞。隋、唐、宋以来，更是盛极一时。《隋书·音乐志》曰："每当正月，万国来朝，留至十五日于端门外建国门内，绵亘八里，列戏为戏场，参加歌舞者足达数万，从昏达旦，至晦而罢。"

元宵节习俗的形成有一个较长的过程，源于民间开灯祈福的古俗。开灯祈福通常在正月十四夜便开始"试灯"，十五日夜为"正灯"，民间要点灯盏，又称"送灯盏"，以进行祭神祈福活动。

东汉佛教文化的传入，对于形成元宵节习俗也有着重要的推动意义，汉明帝永平年间，汉明帝为了弘扬佛法，下令正月十五夜在宫中和寺院"燃灯表佛"。因此正月十五夜燃灯的习俗随着佛教文化影响的扩大及后来道教文化的加入逐渐在中国扩展开来。南北朝时，元宵张灯渐成风气。梁武帝笃信佛教，正月十五于宫中大张灯火。唐朝时，中外文化交流更为密切，佛教大兴，仕官、百姓普遍在正月十五这一天"燃灯供佛"，佛家灯火于是遍布民间。从唐代起，元宵张灯即成为法定之事。

随着社会和时代的变迁，元宵节的风俗习惯早已有了较大的变化，但仍是中国民间重要的传统节日。中国幅员辽阔，历史悠久，所以关于元宵节的习俗在全国各地也不尽相同。主要有赏花灯、吃汤圆、猜灯谜、放烟花等一系列传统民俗活动，此外，不少地方元宵节还增加了游龙灯、舞狮子、踩高跷、划旱船、扭秧歌、打太平鼓等传统民俗表演。

有资料显示：元宵，原意为"上元节的晚上"，因正月十五"上元节"主要活动是晚上的吃汤圆赏月，后来节日名称演化为"元宵节"。在元宵之夜，大街小巷张灯结彩，人们赏灯，猜灯谜，吃元宵，将从除夕开始延续的庆祝活动推向又一个高潮，成为世代相传的习俗。

第二节　元宵节源起与传说

对元宵节的起源，有"平吕之乱""太一神祀""道教三元""燃灯净佛"等说法。

一、戡平"诸吕之乱"之说

这种说法是汉文帝因周勃在正月十五戡平"诸吕之乱",于是定此日为元宵节。

传说汉高祖刘邦死后,吕后之子刘盈登基为汉惠帝。汉惠帝病死后吕后独揽朝政把刘氏天下变成了吕氏天下,朝中老臣、刘氏宗室深感愤慨,但都惧怕吕后残暴而敢怒不敢言。吕后病死后,诸吕惶惶不安,害怕遭到伤害和排挤。于是,在上将军吕禄家中秘密集合,共谋作乱之事,以便彻底夺取刘氏江山。此事传至刘氏宗室齐王刘襄耳中,刘襄为保刘氏江山,决定起兵讨伐诸吕,随后与开国老臣周勃、陈平取得联系,设计解除了吕禄,"诸吕之乱"终于被彻底平定。平乱之后,众臣拥立刘邦的第四个儿子刘恒登基,称汉文帝。文帝深感太平盛世来之不易,便把平息"诸吕之乱"的正月十五,定为与民同乐日,京城里家家张灯结彩,以示庆祝。从此,正月十五便成了一个普天同庆的民间节日——"闹元宵"。

二、"太一神祀"之说

此说法是汉武帝采纳方士缪忌的奏请,在甘泉宫中设立"太一神祀"。太一神为汉代朝廷崇拜的主神、天帝。起初由汉武帝开始祭祀,太一神可能与先秦的"元气""生水""星宿"这些概念有关。楚简《太一生水》,考证认为可能也跟当地祈雨风俗有关。《史记·封禅书》有"天神贵者太一"。《汉书·郊祀志》有"天神,贵者太一。太一佐曰五帝。古者天子以春秋祭太一东南郊。"的记载。另外,《资治通鉴》也有太一神的记载:"武帝元封二年,冬十月,武帝巡幸至雍,祭祀于五畤;回长安后,祭祀太一神,并叩拜'德星'。"

当时,从正月十五黄昏开始,通宵达旦地在灯火中祭祀,从此形成了这天夜里张灯结彩的习俗,如宋朱弁《曲洧旧闻》即云:"上元张灯,自唐时沿袭汉武帝祠太一,自昏至明故事。"但按《史记·乐节》所说:"汉家常以正月上辛祠太一甘泉,以昏时夜祠,到明而终。常有流星经于祠坛上。使僮男僮女七十人俱歌。"辛是天干日名,上辛是正月的第一个辛日,不一定在十五。汉武帝祀太一沿袭的是先秦楚人的旧俗,《楚辞·九歌》以东皇太一为至尊之神;《文选》收录的宋玉《高唐赋》云:"进纯牺,祷琁室,醮诸神,礼太一。"汉武帝时,"太一神"的祭祀活动定在正月十五。据说司马迁创建"太初历"时,就已将元宵节确定为重大节日。

三、"三元"之说

第三种说法是元宵节燃灯的习俗源于道教的"三元"之说。

汉末道教的重要支派"五斗米道",创天、地、人"三官"说,魏晋道家又以"三官"

与时日节候相配，定正月十五为上元，七月十五为中元，十月十五为下元，合称"三元。"三元节庆由此产生。明朝郎瑛撰写的《七修类稿》引唐人说法，以为正月十五是"三官下降之日"，而三官各有所好，天官好乐，地官好人，水官好灯。因此，在上元节要纵乐点灯，士女结伴夜游。元宵节燃灯放火，自汉朝时已有此风俗。

四、汉明帝燃灯敬佛之说

东汉明帝时期，明帝提倡佛教，听说佛教有正月十五僧人观佛舍利，点灯敬佛的做法，就命令这一天夜晚在皇宫和寺庙里点灯敬佛，令士族庶民都挂灯，也就形成了元宵赏灯之俗。以后这种佛教礼仪节日逐渐形成民间盛大的节日。宋朝高承编撰的《事物纪原》云："西域十二月三十乃汉正月望日，彼地谓之大神变，故汉明令烧灯表佛。"另据《僧史略》载，佛祖释迦牟尼示现神变、降伏神魔是在公元12月30日，即东土正月十五，为纪念佛祖神变，此日需举行燃灯法会。东汉明帝时，摩腾竺法兰东来传教，汉明帝就敕令正月十五佛祖神变之日燃灯，并亲自到寺院张灯，以示礼佛。自此以后，元宵灯便蔚然成风。该节经历了由宫廷到民间，由中原到全国的发展过程。

五、纪念佛祖之说

上元始于唐睿宗时期，《七修类稿》曰：《唐书·严挺之传》云："睿宗好音律，先天二年正月望日，胡人婆陀请燃千灯，因驰门禁，帝御安福门纵观，昼夜不息"，继而韦述《两京新记》曰："正月十五夜，勒金吾弛禁，前后各一日看灯。"则是始于睿宗，成于玄宗无疑。另据佛典《涅集记》说，释迦牟尼火化后，信徒将他的舍利子置于金座土，大众飞撒花瓣，奏乐，绕城燃灯十三里。以后，每逢元宵夜皆点花灯以纪念佛祖。玄奘的《大唐西域记》也记载了印度人在正月十五夜聚众燃花灯的盛况。

综上，元宵节是多种文化和习俗复合而成的，先秦楚文化的影响、汉代正月上辛日燃烛祭太乙的礼仪、道家的"三元"说，以及佛教的法事庆典，均对上元节的形成产生了重大的影响。另外，古老的跳月、祭门习俗和南北朝、隋唐时期的祭紫姑、送火神习俗，也对上元节的形成起着极其重要的作用。从发展过程来看，汉代及其以前是上元灯节的滥觞期，汉是上元灯节的形成期，北魏孝文帝曾诏令暂停"三元告庆之典"。根据北魏孝文帝的诏令和梁简文帝的赋，上元灯节的正式形成时期绝不迟于魏晋。隋代的正月十五灯节已是盛况空前。❶

---

❶ 张君. 神秘的节俗[M]. 南宁：广西人民出版社，2004：46-48.

第三节　元宵节民俗活动

正月十五闹元宵，元宵节活动最突出的一个特点就是"闹"，张灯、观灯、赛灯叫"闹花灯"，社火百戏叫"闹社火"，整个相关的活动叫"闹元宵"，仿佛不闹就不成其元宵节。从元宵节的习俗形成可知，当时元宵节观灯游玩的人已经是摩肩接踵、填街巷塞了。鳌山灯杆、火树银花，这是元宵节最突出的景观，也最能概括此节的活动，即张灯、放火，张灯、放火是元宵节的节俗活动，其余观灯游赏以及社火百戏都是直接或间接由此发展、引申而来的。最初的灯是单纯、静止的，不能转动，也较少装饰，并且多是单个独立的，后来变得丰富、多彩、多姿。自隋、唐、宋以来，元宵节曾盛极一时。《隋书·音乐志》曰："每当正月，万国来朝，留至十五于端门外建国门内，绵亘八里，列戏为戏场"，参加歌舞者足达数万，从昏达旦，至晦而罢。唐朝的元宵节比隋朝更加热闹。《大唐新语》记载："京城正月望日，盛饰灯影之会，金吾弛禁，特许夜行。贵臣戚属及下俚工贾，无不夜游。"

《帝京岁时纪胜·上元》记载了帝京（北京）上元节的各类民俗及其热闹景象："而城市张灯，自十三日至十六日四永夕，金吾不禁。悬灯胜处，则正阳门之东月城下、打磨厂、西河沿、廊房巷、大栅栏为最。至百戏之雅驯者，莫如南十番。其余装演大头和尚，扮稻秧歌，九曲黄花灯，打十不闲，盘杠子，跑竹马，击太平神鼓，车中弦管，木架诙谐，细米结作鳌山，烟炮攒成殿阁，冰水浇灯，簇火烧判者，又不可胜计也。然五夜笙歌，六街轿马，香车锦辔，争看士女游春，玉佩金貂，不禁王孙换酒。和风缓步，明月当头，真可谓帝京景物也。"记述了诸多百戏活动，秧歌、盘杠子、跑竹马等表演类活动，以及打十不闲、击太平鼓等多种表演活动。热闹非凡。元宵节除了上述诸多娱乐活动外，"赏灯"和"灯舞"是元宵节最主要的两种娱乐活动，也是元宵节特有的休闲娱乐活动，其中融合了娱乐、游戏、竞技、智力等因素成分。

一、赏灯

纵观元宵节的民俗发展，节日庆典规模最大、喜庆气氛最浓、灯花制作最巧、灯火最盛的时期，是在唐、宋、明、清四代。

《大唐新语》载："京城正月望日，盛饰灯影之会，金吾弛禁，特许夜行。贵族亲戚及下俚工贾，无不夜游。"《朝野佥载》记："唐玄宗先天二年（公元713年）于上元之夕，在宫门外作灯轮高二十丈，燃灯五万盏，簇之如花树，又命宫娥及京师仕女数千人于灯轮下踏歌三日夜。"唐代诗人苏味道的《正月十五夜》的诗句："火树银花合，星桥铁锁开。暗尘随马去，明月逐人来。游伎皆秾李，行歌尽落梅。金吾不禁夜，玉漏莫相催。"描绘了元宵之夜看灯的真是人山人海。豪门贵族的车马喧阗，市民们的欢声笑语，汇成一片，通宵都在热闹的气氛中度过的热闹情景。元宵节在宋代发展成最热闹的世俗节，灯节更加丰富多彩，元宵赏灯持续五天，灯的样式繁复多样，逛灯市更是一件十分赏心悦目的事情。诗人辛弃疾写道："东风夜放花千树，更吹落，星如雨"，说的就是宋朝灯节花灯无数，烟花如星雨。另据《岁时杂记》《东京梦华录》《武林旧事》等书记载，两宋时期制灯的原料除丝绸、彩纸、鸟羽外，还用羊角、琉璃和云母等物；制作的灯品种繁富，有牡丹灯、莲花灯、曼陀罗灯、动物灯、壁灯、车舆灯、屏风灯、佛塔灯、鬼子母灯、没骨灯、珠子灯、万点罗灯、鱼鱿灯、羊皮灯、罗帛灯、走马灯等。元夕节庆期间，或搭彩楼，或设山棚，或造灯山，瀑布灯山或巨大的琉璃灯山，山上设置机关，点缀人物亭阁，再插以彩灯千盏，灯火之盛令人目不暇接、美不胜收。

在宋代还开始了在彩灯上书写谜语或绘上谜物，如《武林旧事》云："有以绢灯剪写诗词，时寓讥笑，及画人物，藏头隐语，及旧京诨语，戏弄行人。"使得行人驻足留观，品评涵咏，从而增加观灯的兴味。写灯谜、猜灯谜之俗一直传到现在。考此俗缘起，与传说中的紫姑善占诸事有关。在灯谜产生之前，民间已有各种占卜年成及诸事的活动。《武林旧事》记载：南宋上元灯节期间，教坊、勾栏艺人及民间会社还联合上街举行化装表演。这一新的节庆活动的出现，使大量的戏剧表演内容成为灯节的娱乐节目，增添了灯节的喜庆色彩。清代又出现了一些闹元宵的活动。

明代唐寅以《元宵》诗盛赞元宵盛况："有灯无月不娱人，有月无灯不算春。春到人间人似玉，灯烧月下月如银。满街珠翠游村女，沸地笙歌赛社神。不展芳尊开口笑，如何消得此良辰。"

《帝京岁时纪胜·岁时杂戏》记载了元宵节花灯的丰富多彩："元宵杂戏，剪彩为灯。悬挂则走马盘香，莲花荷叶，龙凤鳌鱼，花篮盆景；手举则伞扇幡幢，关刀月斧，像生人物，击鼓摇铃。迎风而转者，太极镜光，飞轮八卦；系拽而行者，狮象羚羊，骡车轿辇。前推旋斡为橄榄，就地滚荡为绣球。"

由于"灯"与人丁的"丁"谐音，许多地方人们把灯和丁联系起来，民间的送灯活动是以游灯为形式，寄托人们在新年伊始的美好心愿，祈福未来的一年家族添丁发财、平安顺利、心想事成。在闽南语中"灯"与"丁"发音相近，所以灯笼也用来求子添丁，求取功名，求得避邪平安。古时候，人们用灯驱逐黑暗的恐惧感，于是灯笼具有驱魔降福、祈许光明之意。

二、灯舞

随着元宵制灯、赏灯的发展，逐渐产生了灯舞这一娱乐形式，是以彩灯作道具的舞蹈形式，因灯的造型不同而有各种名称，其表演以南方见长。明、清两代已盛行灯舞，清代文献中记载比较多，清朝顾禄《清嘉录》载："元宵前后，比户以锣鼓铙钹，敲击成文，谓之闹元宵，有跑马、雨夹雪、七五三、跳财神、下西风诸名。或三五成群，各执一器，儿童围绕以行，且行且击，满衢鼎沸，俗呼走马锣鼓。"此俗至后世犹存，如《岭南杂记》载："潮州灯节，有鱼龙之戏，又每夕各坊市扮唱秋歌，与京师无异"由上述描述可见，各朝代节日灯火活动的盛况，各种灯舞琳琅满目、花样繁多、轮番登场，热闹非凡。

灯舞主要在夜晚表演，在彩灯照耀中，灯、人相映、情趣盎然，或通过彩灯形成不同的队形、图案，或摆成"吉祥""天下太平"等字样，或在变化与穿插中表现各种意境。表演中见灯不见人，图案有动、有静，又有高低不同多种层次的变化，神秘奥妙，引人入胜。舞灯以群舞居多，灯的造型有动物、花卉及象征吉祥的器物等。表演中舞者可一人一灯乃至多人同舞一灯，可分为持灯、提灯、举灯而舞等多种表演形式。龙灯、鲤鱼灯是灯舞中比较精彩的形式，"鲤鱼跳龙门"表现鱼龙变化的民间传说。龙灯也称火龙，从龙头、龙身到龙尾可多至二十几节，每节燃点蜡烛，一人举珠戏弄。其表演有"戏珠""穿浪""金龙蟠玉柱"等内容，进行中群众多点燃烟火、花炮助兴，气氛热烈。

至清代，灯舞已发展到较高的水平，并有一定的表演程式和名目。《檐曝杂记》记载：乾隆年间灯节时，北京西厂为皇帝驾临观赏的灯舞表演者有三千人之众，舞者各执彩灯口唱"太平歌"循环起舞，变换队形，依次排成太、平、万、岁各字。《今乐考证》记载：当时灯舞表演套路已有三十六套，关于宗教的如：太极混元、四象生八卦、锦卡字等；寓意吉祥的如：喜重重、五色祥云、满地金钱等；以诗句为名的如：步步金莲、孔雀东南飞、火龙戏海等；与古战阵有关的如：鸳鸯阵、握奇营等，此灯舞由十二人表演，每人持花灯二，边舞边唱《喜迁莺》《人间欢乐》。这样精彩的表演，自然是有学识的行家别具匠心之作。

每逢年节（尤其是元宵节）或祈雨、祭祀、祈求丰收等仪式，宫廷和民间往往都会进行灯舞表演。起初，灯舞以摆字为特征，后逐渐发展成以彩灯排列构造图案、形成具有创新意境的民间舞蹈样式，流传于全国各地。按灯彩外形区分，灯舞主要包括模拟动物的龙灯舞、狮子灯舞、鱼灯舞、蚌灯舞、蝴蝶灯舞、百鸟灯舞，模拟花卉的荷花灯舞、菊花灯舞、蜡花灯舞，以及船灯舞、车灯舞、云灯舞、绣球灯舞等其他形式的灯舞三种类型。灯舞表演形式丰富，一般在夜晚以群舞方式演出，声势较大。演员边走边舞，队形不断变化，舞蹈过程中还施放烟花爆竹，场面蔚为壮观。这种民间舞蹈样式多出现于汉族地区，同时也在一些少数民族地区流行。

《桃花扇》作者孔尚任有关于灯舞的记述，他在《舞灯行留赠流香阁》一诗中，描绘了十二名女子精彩动人的表演。诗中有"十二金钗廿四灯""千旋百转难记真""不是排场旧院谱，每舞一回境一易""眼见秦城改汉宫，顷刻瓦解作平地"等名句。最后引用张旭看公孙大娘舞剑器后草书长进的典故，赞叹灯舞的艺术效果要超过舞剑器，并以"书法悟在公孙娘，何况舞灯胜舞剑"作为全诗的结束。12名女子表演的灯舞能够如此引人入胜，说明灯舞在当时达到的水平是毋庸置疑的。

灯舞中形式各异的灯大体可分为三类：有模拟动物形象的，如龙灯、鱼灯、鹤灯、凤凰灯、麒麟灯、百鸟灯等；有模拟花卉的，如荷花灯、蝶花灯等；以及其他形状的，如船灯、车灯、伞灯、云灯等。舞蹈时，有的将灯举在手上，如鱼灯；有的担在肩上，如茶篮灯；有的挂在腰间，如船灯；有的缀于腿上，如荷花灯；有的在地上摆出图案，如黄河九曲灯；有的一人舞一灯，有的一人舞两灯，更有的多人舞一灯，如龙灯。灯舞多为群舞，夜间表演，彩灯缤纷，气氛热烈，再伴以锣鼓、烟花、爆竹，热闹壮观。

第四节　元宵节民俗体育活动

元宵节的节期与节俗娱乐活动，是随历史的发展而延长、扩展的。就节期长短而言，汉代才一天，到唐代已为三天，宋代则长达五天，明代更是自初八点灯，一直到正月十七的夜里才落灯，是中国历史上最长的灯节，与春节相接，白昼为市，热闹非凡，夜间燃灯，蔚为壮观。特别是那精巧、多彩的灯火，更使其成为春节期间娱乐活动的高潮。至清代，又增加了舞龙、舞狮、跑旱船、踩高跷、扭秧歌等"百戏"内容，只是节期缩短为四到五天。

元宵节始于中原，兴于中原，经历了由宫廷到民间，由中原到全国的发展过程。元宵节盛行张灯结彩，观灯游赏，烟火也是不可缺少的。除灯火之外，更为突出的活动是各种社火，诸如舞狮子、耍龙灯、跑旱船、耍中幡、踩高跷、打腰鼓、扭秧歌等年年扮演，盛行不衰，元宵节可说是中国的狂欢节，其风俗活动在我国的传统节日中更显得千姿百态、绚丽多彩。《帝京岁时纪胜》记载："博戏则骑竹马，扑蝴蝶，跳白索，藏蒙儿，舞龙灯，打花棍，翻筋斗，竖蜻蜓；闲常之戏则脱泥钱，踢石球，鞭陀罗，放空钟，弹拐子，滚核桃，打尜尜，踢毽子。京师小儿语：'杨柳青，放空钟。杨柳活，抽陀罗。杨柳发，打尜尜。杨柳死，踢毽子。'都门有专艺踢毽子者，手舞足蹈，不少停息，若首若面，若背若胸，团转相击，随其高下，动合机宜，不致坠落，亦博戏中之绝技矣。"展示了元宵节民俗体育活动的丰富多彩。这些娱乐活动，虽历经千百年的变化，但大部分活动在我国民间依然盛行。

一、踩高跷

高跷也叫高跷秧歌，高跷历史久远，最早是先民为了采集树上的野果，在腿上绑上长棍而发展起来的一种跷技舞蹈活动，高跷因舞蹈时脚踩踏木跷而得名，发展至今已成为一种流传于全国各地的汉族民间舞蹈。

踩高跷源于古代百戏中的一种技术表演，早在春秋时已经出现。我国最早介绍高跷的是《列子·说符》篇："宋有兰子者，以技干宋元。宋元召而使见其技。以双枝长倍其身，属其胫，并趋并驰，弄七剑迭而跃之，五剑常在空中，元君大惊，立赐金帛。"由此可知，早在公元前五百多年前，高跷就已经存在了。清代诗人恩竹樵在他的《咏秧歌》中，对当时春节期间的踩高跷游艺活动也有描述："捷足居然逐队高，步虚应许快联曹。笑他立脚无根据，也在人间走一遭。"此诗充分说明，高跷这项民间艺术，在清代已广泛在民间流传。

高跷一般以舞队的形式表演，舞队人数十多人至数十人不等，表演者多扮演某个古代神话或历史故事中的人物，身着戏曲行头，手拿扇子、手绢、木棍、刀枪等道具。表演者多为男女对舞，边舞边唱。高跷分高跷、中跷和跑跷三种，最高者一丈多。高跷按表演形式又分为"文跷"和"武跷"，文跷重扭踩和情节表演；武跷重炫技功夫。

高跷都有一定的人物角色设置。最早扮演的人物有渔翁、媒婆、傻公子，小二哥、道姑、和尚等下九流人物，他们行走如履平地，边演边唱，生动活泼，逗笑取乐。

随着时代的变迁，高跷扮演的人物多是中国传统戏曲和民间故事里的人物形象，如《三国演义》里的刘备、关羽、张飞和孔明；《西游记》里的唐僧、孙悟空、猪八戒、沙和尚；还有济公和尚、小神仙和《八仙过海》里的吕洞宾、何仙姑等八仙人物形象。清朝让廉的《春明岁时琐记》载："（上元日）以数人扮头陀、渔翁、樵夫、渔婆、公子等项，配以摇鼓手锣，足皆蹬竖木，谓之高脚秧歌。"表演者的扮相很滑稽。他们边唱边表演，生动活泼。

中华人民共和国成立后，工、农、兵、学、商以及表现计划生育等有时代气息的人物内容被搬上高跷。踩高跷经过上千年历史的传承和发展，逐渐形成了内容丰富多彩、形式各具特色的地方节俗活动。目前国内具有代表性的踩高跷有：将踩高跷和抬花轿两种民间艺术融为一体的河南沁阳高抬火轿；双脚踩踏板，独杆在地上蹦跳走动的山东新泰独杆跷；融入耍孩儿、戈戈腔、喇叭戏、二人转等民间艺术因素的辽宁上口子高跷秧歌；跷杆高达3米多的甘肃苦水高高跷；由二人组成，足踩高跷同演骑兽状的山西稷山的高跷走兽。

二、跳绳

跳绳是一人或众人在一根环摆的绳中做各种跳跃动作的运动游戏。这种游戏在唐朝时被称"透索"，宋称"跳索"，明称"跳百索""跳白索""跳马索"，清称"绳飞"，清末以后称作"跳绳"。作为一种古老的汉族民俗娱乐活动，南宋以来，每逢佳节都跳绳，家家户户都要比赛。跳绳活动源远流长。当女娲"乃引绳在泥中，举以为人"时，绳子便伴随着人类一起生活了。古人拿绳子来记事，也用它来捆扎收获的农作物，或拴牛马、捆绑猎物等等，绳子成了人类生活中的重要工具。因此，跳绳可能源于原始的农事、狩猎或军事活动。最早出现的跳绳史料是汉代画像石上的《跳绳图》（图5-1），证明至迟在汉代已经有了跳绳活动。

图5-1　汉代画像石《跳绳图》

《说文解字》中称："绳，索也。"《小尔雅·广器》中则说："大者谓之索，小者谓之绳。"跳索和跳绳，本质上没有什么区别。《北齐书·后主纪》中有一段有趣的记载："游童戏者好以两手持绳，拂地而却上，跳且唱曰：'高末'。高末之言，盖高氏运祚之末也。"北齐皇帝高姓，"高末"谓齐将消亡。这本是作为谶言而记载的一件事，却给我们留下了儿童跳绳游戏的最早的文字记载。并且，这种单人"跳且唱"的方式，也为后世跳绳方式奠定了基础。

南北朝梁代宗懔编撰的《荆楚岁时记》中有"飞百索"的记载："正月十六日，群儿以长绳丈许，两儿对牵，飞摆不定，若百索然。群儿乘其动时轮跳，以能过者为胜。"这里的飞百索，正是后来的跳绳游戏。

魏晋以后，历代都有跳绳活动的记载。唐人段成式在《酉阳杂俎·境异》："八月十五日，行像及透索为戏。"可见，唐代不仅有跳跃穿过绳索的游戏，还将这种游戏命名为"透索"，使跳绳活动开始有了专门的名称。

到了宋朝，跳绳活动发展为杂技百戏的内容，还有了"跳索"的名称。与北宋同时期的北方少数民族政权辽朝，儿童跳绳也很流行。宣化辽墓中的《幼儿跳绳图》发现于一区的张匡正墓中（图5-2），绘在后室木门之上半圆形堵墙正面。画面内容表现的是三个儿童的跳绳游戏，左右两个小童弓身屈腿，用力摇摆一根长绳，中间一个赤膊小童屈膝张臂，轻快跳跃，构图精巧，是非常宝贵的跳绳文物。

南宋吴自牧《梦粱录·宰执亲王南班百官入内上寿赐宴》记载："百戏呈拽，乃上竿、跳索、倒立、折腰、弄碗、踢磐瓶、筋斗之类。"宋孟元老《东京梦华录·六月六日崔府君生日二十四日神保观神生日》："自早呈拽百戏，如上竿、趯弄、跳索、相扑、鼓板小唱、斗鸡。"从唐代的"透索"，到南宋的"跳索"，跳绳的名称更为形象而具体了。

明代的跳索渐渐成为一种民俗，每逢佳节，民间都有跳绳活动。而且出现了多人轮跳

图 5-2 《幼儿跳绳图》（宣化辽墓壁画）

的游戏方式。据沈榜《宛署杂记·民风一》载："跳百索：（正月）十六日，儿以一绳长丈许，两儿对牵，飞摆不定，令难凝视，似乎百索，其实一也。群儿乘其动时，轮跳其上，以能过者为胜，否则为索所绊，听掌绳者绳击为罚。""跳百索"又称"跳白索"，《帝京景物略·灯市》中记载："元夕（正月初一晚上），二童子引索略地，如白光轮。一童子跳光中，曰跳白索。"这些都是双人摇绳、多人轮跳的游戏方式。

在清代跳绳成为一项冬季的户外活动，深受儿童喜爱。《帝京岁时纪胜·岁时杂戏》记录了清代北京元宵节民间的娱乐活动，其中有："博戏则骑竹马，扑蝴蝶，跳白索，藏蒙儿。"清道光二十年由济南府知府王赠芳、王镇主修，成燿、冷炬编纂的《济南府志·风俗》中也载："每年孟春正月元旦……儿女以绳跳为戏，名曰'跳百索'。"清代的《松风阁诗钞》中也有记录，说："太平鼓，声咚咚，白光如轮舞索童，一童舞索一童唱，一童跳入光轮中。"清代晚期的《燕台口号一百首》中记载了一首轮跳百索的诗："轮跳百索闹城阛，元夕烧香柏作薪。络索连环声响应，太平鼓打送年人"。可见，清代儿童经常在过年时跳百索，一边敲着"太平鼓"，一边用有节奏的歌谣加以伴唱，为新年增添了很多喜庆的节日气氛。

清代民间也有女子跳百索活动的记载，如清代《乐陵县志·经制·风俗》载："元宵期间，女子以跳绳为戏，名曰'跳百索'。"清代晚期出版的《有益游戏图说》中说："用六尺许麻绳，手执两端，使由头上回转于足下，且转且跃，以为游戏，是谓绳飞"。这里称跳绳为"绳飞"。无论从跳绳的方法上或是名称上，都有些继承与发展。

三、跑旱船

跑旱船又称旱龙船、旱船，原是无水地区过端午节时模拟划龙船的活动，端午划龙船的原始目的是迎祭龙神（也有说是祭祀、纪念屈原）。后因正月间加入舞龙的节目，跑旱船也随之加入了进来。

　　旱船历史悠久，唐代即已流行，最早的文字记载见于唐代中晚期文献《明皇杂录》，距今已有1000多年。宋代人范成大的诗中写道："旱船遥似泛，水偏近如生。"并注曰："夹道陆行，为竞舟之乐，谓之旱船。"宋代的《武林旧事》《西湖老人繁胜录》等两部笔记中，均记载着南宋都城临安（今浙江杭州）于元宵节期间，旱船随同舞队（宋代表演民间舞蹈的队伍）的其他节目演出的情景。"……旱划船、教象、装态、村田乐、鼓板、踏橇、扑旗、抱锣、装鬼、狮豹、蛮牌……"（《武林旧事》）；"斗鼓社：大敦儿、瞎判官、神杖儿、扑蝴蝶、耍师姨、池仙子、女杵歌、旱龙船。"（《西湖老人繁胜录》）据有关史料记载，宋代队舞（"队舞"不同于"舞队"，"队舞"是唐宋宫廷歌舞形式之一）还演出规模很大的《采龙船》。清代《燕京岁时记·灯节·跑旱船》载："跑旱船者，乃村童扮成女子，手驾布船，口唱俚歌，意在学游湖而采莲者……至农忙时，则舍艺而归耕矣。"这是清代农民灯节时演《跑旱船》的情景。清代《北京走会图》所绘《旱船走会》，画一女子"坐"在"布船"中，戏装打装，右手执扇。另一花脸艄公，手执竹竿作撑船状。旁有四乐人伴奏，一人背大鼓，一人击大鼓，二人击钹。乘船动作形象生动，这和现在民间的旱船十分相似：一女角在腰间系一船形，遮住腿脚，好像坐在船上，另一男角手拿桨，作划船作。有时，女角用平稳的舞步表现船在水上划行，两人相对，用一起一落的对称动作，表现船在浪中颠簸，他们边歌边舞。在欢庆节日的游行队伍中，我们还能见到这种既古老，又清新活泼的民间舞蹈。另外，图中的"旱船"用细竹竿支架，四周用布围住，上有布顶棚。

　　民间旱船的表演者多扮成夫妻或父女，女的在船中，男的在船外，表现捕鱼、行船的水上生活，主要技巧在女子配合船的起伏摆动做出高难动作，表现风浪漩涡等。南方旱船动作轻柔，边唱边舞；北方旱船动作粗犷，有时几十条旱船相互竞技，场面蔚为壮观。类似旱船的还有跑驴、跑竹马，是将船形改为驴形、马形。跑驴多演农村小戏，如夫妻回娘家等，而跑竹马有时表演历史题材故事，如昭君出塞、关云长护送嫂嫂、赵匡胤千里送京娘等。

　　跑旱船表演时一戏装女子置身糊制的彩色龙船之内，手中舞扇；另一花脸艄公，执篙撑船。一般演绎的故事是：一阵紧锣密鼓之后，老艄公匆匆上场解缆撑船，快速行进。在锣鼓乐伴奏下，船在场内做倒8字运动，随着音乐节奏的不断加快，船行速度也不断提速，继而绕场一周后搁浅。艄公下船，挽裤捋袖，跳入水中，撬抬扛推，使尽浑身解数，终于将船撑入深水。又是一阵快行船。接着船入漩涡，连连打转，老艄公手忙脚乱，力排险情。这时，船身起伏跌宕，频频倾侧，船上女子惊慌失态，场上锣鼓点愈发紧迫，观众的心也提到了嗓子眼上。险情排除后，船身出现漏洞，水流涌入船舱，老艄公脱衣堵漏，向外泼水，化险为夷，船绕场一周，表演结束。整个表演，从解缆开始，历经几次险情，表演动作丰富多变，起承转合紧凑自然，滑稽幽默，妙趣横生。

四、舞中幡

舞中幡是中国古老的民间艺术，起源于唐、宋年间。幡是旗的一种，尺寸有大小之别。幡按大小分为硕幡、中幡和小幡三类。中幡是装饰华丽、既具有仪仗特色又用于比赛力量的一种旗帜，幡一般在9米左右，多数表演者选用的都是中幡，所以耍中幡这一叫法也就传开了。

中幡早年叫"大督旗"，又叫"大执式"，用于皇家和军队的仪仗、指挥等；后来流传到民间，经过演变成现在的中幡。舞中幡是传统杂技项目，通过舞动中幡来完成各种花样技巧，如闪、转、腾、挪、跳、跃等，展现了中华民族健壮、欢快、活泼的朴素民风。舞中幡的表演者通过力量与技巧的融合，使原本力量型的节目转化为一种杂技表演，这种表演形式经过历代艺术家的传承发展而逐渐成熟。

舞中幡分为单练、双人对练和集体练，动作有50多个。表演者或顶幡上额，或伸臂托塔，惊险动作连连不断，但始终幡不离身，竿不落地。十余米高、几十斤重的中幡在表演者的手中、肩上、脑门、下巴、项背等处上下飞舞、交替腾挪。旗手耍弄幡旗，能尽显武勇与智慧，因此中幡曾是清代朝佛、庆典等庙会活动的必备项目。走会中各个团体都有自己的标旗，竞相演练耍幡的高招的绝技，逐渐形成颇具特色的杂技节目。

明代刘侗、于奕正所著的《帝京景物略》已有耍中幡的记载。清《百戏竹枝词》中也记有："幡为四五尺高，上悬铃锋，健儿数辈舞之，指挥甚如意，佐以金鼓声，观者如堵墙焉。"清代乾隆年间，将原龙旗杆上加上伞，耍起来甚是好看。后来加伞的大旗杆被皇宫用作迎接外交使者的仪仗队，显得更加威武庄重，故又名大执事。皇宫里每年耍大执事，庆祝重要庆典。乾隆年间中幡会属于镶黄旗佐领管辖，属内八档会之一，受过皇封，盛极一时。

中幡表演时，艺人们将竿子竖起托在手中，舞出许多花样，其表演动作样式各有形象的名称。将竿子抛起用脑门接住为霸王举鼎，单腿支撑地面用单手托住竹竿为金鸡独立，此外还有龙抬头、老虎撅尾、封侯挂印、苏秦背剑、太公钓鱼、擎一柱等样式。考究的中幡竿顶上还有一层乃至数层由彩釉、锦缎、响铃、小旗、流苏组成的圆形装饰物，称为璎珞宝盖，舞起来不仅五彩缤纷，而且发出悦耳的声音。

旧时北京天桥的中幡表演者有一项特殊规定，那就是练中幡必须练摔跤。摔跤与中幡本是两个项目，但却有着密不可分的关系。学中幡除了练习基本功，还必须练摔跤，这是传统。天桥的中幡表演最早是在跤场，由于艺人宝三❶在练中幡前练过摔跤，可以说是集摔跤、中幡两种绝活于一身。所以宝三收的徒弟也必须练过摔跤，于是当时京城出现了

---

❶ 宝三：宝善林，是中外闻名的摔跤和中幡艺人。20世纪20到40年代时宝三在京城有"跤王"之称。

"北京跤手练中幡"的现象，这也由此成为一个传统。直到北京耍中幡的都练过摔跤，而摔跤的不一定会耍中幡。中幡和摔跤都是很需要技巧的运动，要学会借力。中幡表演，以扔得高、立得稳为准则。表演时如遇到牌楼牌坊，表演者还要将中幡高高抛起，穿过牌楼跑到对面去再接住，难度很大。演练中幡要做到快、稳、准，手眼配合一致，而练摔跤能提高人的四肢活动能力，锻炼筋骨，增强腰部和腿部力量，培养目测力、判断力、准确性、灵活性和协调性。所以练习摔跤是学习耍中幡的基础。摔跤和中幡也成为民俗表演中最重要的代表项目（图5-3）。

图5-3 舞中幡

五、抽陀螺

陀螺是中国民间最早的娱乐工具之一，也作"陀罗"，闽南语称作"干乐"，北方叫作"冰尕（gá）"或"打老牛"。河北吴桥地区被称为bo。贵州等地方言称为gé lu。河南一些地区叫de lōu，焦作一带方言称为"皮老尖"。陀螺形状上半部分为圆形，下方尖锐。从前多用木头制成，现代多为塑料或铁制。玩时可用绳子缠绕，用力抽绳，使直立旋转。或利用发条的弹力旋转。传统古陀螺大致是木或铁制的倒圆锥形，玩法是用鞭子劈。现代已有用发射器发射的陀螺。当然，还有一些"手捻陀螺"十分普及。陀螺，是青少年们十分熟悉的玩具，风靡全世界。中国是陀螺的老家。从中国山西夏县新石器时代的遗址中，就发掘了石制的陀螺。陀螺在我国至少有四五千年的历史。

陀螺相关的文字记载最早出现于后魏时期的史籍，当时称为"独乐"。在一般的书籍或网络资料查询当中可得知，在宋朝时就有一种类似陀螺游戏的小玩意儿，名字叫作"千千"，类似如今的手捻陀螺造型，它是由象牙所制成，以一个直径约40厘米的圆盘，中央插上一根铁针为轴心，是古代宫女为打发时间所玩的一种贵族游戏，其玩法是将一个长约3厘米的针状物体，放在象牙制的圆盘中，用手捻使其旋转，等到快停时再用衣袖拂动它，让它继续旋转，最后，谁的千千转得最久，谁就是获胜者。

至于陀螺一词，直至明朝才正式出现，当时刘侗、于奕正合撰的《帝京景物略》一书中，就提到一首民谣："杨柳儿青，放空钟；杨柳儿活，抽陀螺；杨柳儿死，踢毽子……"由此可见，在明朝时期，陀螺一词已正式出现于词语上，陀螺成为中国民间儿童们大众化的玩具，且从文句中也可发现，民间儿童陀螺的玩法是具季节性的，打陀螺成为春天的一项流行活动。

一般儿童玩陀螺有两种比赛方式。第一种叫作分边法，是将参加的人分成两组，然后大家一起抽陀螺，看看哪一组的陀螺先倒在地上。会打的人，陀螺就会在地上旋转得比较久。不会打的人，陀螺很容易在地上乱滚，或是转得不久。倒在地上的陀螺，就称为"死陀螺"，只有任由对方劈击宰割了。输的这一方，为了避免自己心爱的陀螺，被对方钉死，可以调换一个小而硬的陀螺来代替。这时，赢的这一方，用自己的陀螺，高举过头，对准目标，向下猛击。

第二种是画圈法，在地上画一个圆圈，圆圈的中央，再画一个小圆圈，各人轮流将自己的陀螺往圈子里打，使陀螺能旋转出来。如陀螺已固定在一点上旋转，这时，可用绳子将它圈出来，只要到达圈外还在旋转，都不算它"死"。如果陀螺停止在圈内，或一抽下去就不动了，都算"死"了，要放在当中小圆圈内，任别人处罚。若处罚别人的陀螺也停在圈内，照样要放在小圆圈内，任人处罚。如果很幸运地没有被击到，或是被击到而没有被分解，可以拿出一个陀螺，用水平抽法，将自己那个小圆圈内待"死"的陀螺击出圈外。

六、舞狮

舞狮是一种中国民间传统表演艺术，每逢春节、元宵佳节或集会、新年庆典，民间许多地方都以舞狮前来助兴，表演者装扮成狮子，在锣鼓音乐的伴奏下，做出狮子的各种形态动作。由于狮子形象雄伟、勇猛、威严，古人将它视为勇敢和力量的象征，认为它能驱邪镇妖、保佑人畜平安，以祈望生活吉祥如意，事事平安。人们逐渐形成了在节庆和重大活动中舞狮子的习俗。聚居在海外的华人也组成不少"醒狮"会，在每年的春节或重大喜庆，他们都会在世界各地舞狮庆祝。

关于舞狮的起源众说不一，各地有着不同的传说和演绎。有说狮子吃掉某村里村民，后来村民学会武功，击毙狮子，村民模仿狮子的形态庆贺而发展成舞狮；有说是如来佛把狮子引走，因此南狮中常有"大头佛"引领狮子；也传说有村民以纸扎狮子及锣鼓驱赶"年兽"，而演化成舞狮。无论何种传说，都反映了人们祈福迎祥，渴求幸福安康生活的美好愿望。

在汉代之前中国本土并没有狮子，在中国传统文化中，"狮""龙""麒麟"一样都是神话中的动物。狮子的故乡远在西亚和非洲，外形雄壮威武，有百兽之王的美誉，人们往往把它作为权利、威严的象征。汉时期，中国开辟了"丝绸之路"，打通了中西交流的大门，《汉书·西域传》写有："乌弋山离国王有桃拔、师子、犀牛。师子即狮子，此是百戏化装，非真兽。"由此可推知，在汉朝时西域可能就有狮子舞的出现。而史料《后汉书》有关贡狮的记载："汉章帝章和元年（公元87年），月氏国献狮子；二年（公元88年），安息国献狮子。"

唐代著名高僧慧琳在《一切经音义》中写有："狻猊即狮子也，出西域"，狮在古汉语中亦称为"狻猊"，这是由梵语"simha"转译而来，这一名称在公元前就已出现。唐代经济、文化高度发展，对外交往频繁，西域康居等国连年进贡狮子，促使舞狮得到更广泛的发展，当时的舞狮形象也成为后代狮子形象的规范，为以后舞狮中的造型奠定了基础。《新唐书·礼乐志》有以下的记载："戏有五方狮子，高丈余，各衣方色，每一狮子有12人，戴红抹额，衣画衣，执红拂子，谓之'列狮子郎'，舞太平乐曲"。可以想象出唐代宫廷舞狮的盛大场面。"五方狮子"又叫"五帝狮子"，它们披着青、赤、黄、白、黑5种色彩的狮皮（又叫狮子皮），每个狮子都有一丈多高，分东、南、西、北、中五方站立。由12个穿着五彩画衣，扎着红抹额头饰的狮子郎，手持红拂子追引雄狮，狮子前俯后仰，活跃异常，在鼓乐喧天的龟兹乐伴奏下，140人的大型合唱队，高歌太平乐。这种宫廷齐装狮子的表演人多狮大，气势磅礴，蔚为壮观。杨炫之在《洛阳伽蓝记》中便记有："六牙白象负释迦在虚空中……四月四日此象常出，群邪狮子导引其前"。可见当时人们不仅将狮子作为护法驱邪的祥瑞，而且还为佛开路引行。

汉朝以后，历朝历代均有外国贡狮的记录，直至清康熙十七年（公元1678年），葡萄牙使臣还向大清有进贡非洲狮。在前后持续一千六百多年的时间里，狮子以它的威武、勇敢的神态和雄姿，为庶民百姓所接受，并融于中国民众之心，将狮子视为威武、守护、避邪、吉祥的神物。在漫长的历史进程中，人们开始只是崇狮、敬狮，而后开始模仿狮子的外貌、动作和神态，至三国时发展成为狮舞，南北朝时期则随佛教的兴起而开始盛行，逐渐形成了蔓延华夏大地的狮舞和舞狮等民间民俗的"狮文化"。

综合有关文献，我们大概可以推知，中国舞狮的起源约在汉末和魏晋之间或更早，到唐代后就更加盛行了，如著名诗人白居易在《西凉伎》中所描绘："西凉伎，假面胡人假狮子，刻木为头丝作尾，金镀眼睛银帖齿，奋迅毛衣摆双耳，如从流沙来万里……"可见，当时舞的狮子已相当考究了，而现代的舞狮就是以唐朝的模式为雏形的，经宋、元、明、清上千年的不断传承、发展和完善，成为每逢新春佳节或喜庆活动司空见惯的民间欢庆习俗。

舞狮活动经过了上千年的传承和发展，日臻完善。在舞狮艺术的发展中，逐步出现鲜明的地方特色，由于南北风俗各异，舞法也不尽相同，风格上出现北狮和南狮两种类型。北狮又称为北魏瑞狮。南狮则在北狮的基础上加以改造，并纳入南方民俗文化元素，逐步在外貌与神韵上独树一帜，在我国长江以南地区发展起来，后传至南方沿海地区，成为民间盛行喜庆活动之一。明清年间，我国两广地区舞狮活动风行一时，成为盛极一时的地方民俗之一，后又随华人漂流至南洋及海外。

北狮起源相对较早，有传说武帝远征甘肃河西，俘虏胡人十万之多。魏武帝令胡人献舞娱乐。胡人以木雕兽头，两大五小，披兽衣，集八音乐，武士三十余人，起舞于御前。舞者作欢腾喜悦，舞技的美妙，令武帝叹为观止。武帝询其所舞，胡人答曰："北魏朝圣，四方匡伏，西凉乐伎，同沾皇恩"。武帝龙心大悦，赐名"北魏瑞狮"，恩准俘虏回国。此后，狮子舞便在北方流传开来，以后便有了北狮之称。

北派狮舞以表演武狮为主，即魏武帝钦定的北魏瑞狮，北狮重形，造型酷似真狮，狮头较为简单，全身披金黄色毛，顶部饰一独角以示王者风范。舞狮者的裤子、鞋都会披上毛，甚至表演者裤子与鞋都和真狮子腿部毛色一样，因而舞动起来就是一头惟妙惟肖的活动狮子（图5-4）。小狮一人舞，大狮由双人舞，一人站立舞狮头，一人弯腰舞狮身和狮尾。北狮一般是雌雄成对出现，狮头上有红结者为雄狮，有绿结者为雌性。由手握旋转绣球的"狮子郎"引导，以敏捷矫健的身段相配合，生动地表现出武士的机智和风趣。狮子则配合表演腾翻、扑跌、跳跃、登高、朝拜等技巧，并有走梅花桩、窜桌子、踩滚球等高难度动作，以此来表现狮子的雄健勇猛。

北狮的表演动作风格威武雄壮、勇敢好斗、豪放大度。北狮虽具王者风范，但也不乏善良与灵巧，虽然形态动作雄壮威武，情态动作却委婉和顺，表演风格比南狮细腻柔和。两人的协调配合便是完成动作的保证，主要表演翻滚跳跃，首尾相结合，步法要求整齐划一，舞动以扑、跌、翻、滚、跳跃、擦、痒等动作为主，配乐方面，以京钹、京锣、京鼓为主。表演形式有引狮员与单狮、引狮员与双狮不同组合的戏耍，还有"斛斗"和"叠罗汉"等造型技巧。

北狮的舞姿主要在表现善良与灵巧，翻滚跳跃，首尾相引合，步法整齐划一，加上京钹、京锣、京鼓等音乐节拍，按乐声起舞，引领者持球舞动，翻转腾挪，表现武士雄姿，徐徐持球引狮起舞，而舞狮头者除跟随持球武士各种动作而配合演出各种舞姿外，还必须与舞狮尾者配合默契。舞狮尾者必须留意狮头动向，头动则尾亦动，头定则尾亦定，跳跃翻滚，

图5-4 北狮表演

紧密跟随。头尾舞姿协调，融成一体，方为上乘舞技。

南狮则是以广东为中心，风行于港澳和东南亚侨乡。南狮也称醒狮、文狮等，在宋代才出现的，是从北狮中脱胎而来，从中原流传到南方，南狮的发展过程经历了黄常狮、独角狮、佛山狮，直至现代的综合狮。南狮头上扎有一只角，威猛粗犷，鼓乐激昂，令人警醒，故称为醒狮。

南狮的表演形式主要是单狮（由两人组成）在"桩阵"上表演为主，地面表演为辅。南狮动作灵巧活泼、潇洒威武，运动幅度大、难度高、惊险性大，突出在蹦、跳、飞跃、踩青等动作上，桩上飞跃技巧是南狮动作之精华，成为南狮表演的一大亮点（图5-5）。南狮"狮头"有黑、红、黄三种，民间称为刘备狮、关公狮、张飞狮，分别表示桃园三结义刘、关、张的性格，关公狮舞姿勇猛而雄伟，气概非凡；张飞狮动作粗犷好战；刘备狮则沉着刚健，威严有力。

图5-5 南狮表演

南狮以表演"文狮"为主，讲究的是意在和神似。表演时讲究表情，讲究桥马，善于抽象传神。南狮的动作造型很多，有起势、常态、奋起、疑进、抓痒、迎宾、施礼、惊跃、环视、酣睡、出洞、发威、过山、上楼台等等；舞者运用不同的马步，配合狮头动作将各种造型抽象地表现出来。与北狮不同的是南狮表演中的"采青"环节最为常见，相传"采青"原有"反清复明"之意，现在则演绎为"生猛"，寓意生意兴隆。"青"用的是生菜。把生菜及利市（红包）悬挂起来，狮子在"青"前舞数回，表现犹豫，然后一跃而起，把青菜一口"吃"掉，再把生菜"咬碎吐出"，再向大家致意。舞南狮时配以大锣、大鼓、大钹，狮子的舞动配合音乐的节奏。舞狮之前通常还会举行"点睛"仪式，把朱砂涂在狮的眼睛上，象征赋予狮子生命。

南狮以广东舞狮作为代表，广东舞狮是从北方的黄狮子（北狮）脱胎而来的。广东舞狮的类型很多，各有特色，除了佛山的大头狮外，还有鹤山、中山的鸭嘴狮，清远、英德的鸡公狮，惠来、电白、吴川的高脚狮和矮脚狮，东莞的"麒麟狮"等。广东传统的舞狮技艺还有"狮子上楼台""狮子吐球"以及流传于石湾中窑的"狮子花灯"。"狮子花灯"是用竹篾或藤扎成数层滚球花灯，灯内点燃的灯烛随着狮子表演滚动而不熄灭。动作的难度高，对练习者的技艺和身体素质有着极高的要求。

第六章
清明节民俗体育

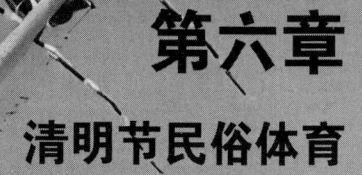

　　清明节又称踏青节、行清节、三月节、祭祖节、植树节、冥节等，节期在仲春与暮春之交。清明节是我国的二十四节气之一，因为二十四节气比较客观地反映了一年四季气温、降雨、物候等方面的变化，所以劳动人民用它安排农事活动，《淮南子·天文训》记："春分后十五日，北斗星柄指向亿位，则清明风至。"按《岁时百问》的说法，"万物此时生长，皆清洁而净，故谓之清明。"清明一到，气温升高、雨量增多，正是春耕春种的大好时节，故有"清明前后，种瓜种豆""植树造林，莫过清明"的农谚❶。

---

❶ 高天星. 中国节日民俗文化[M]. 郑州：中原农民出版社，2008：111.

第一节 清明节概说

清明节源自上古时代的祖先信仰与春祭礼俗,是中华民族最隆重盛大的祭祖大节,属于礼敬祖先、慎终追远的一种文化传统节日。清明节兼具自然与人文两大内涵,既是自然节气点,也是传统节日,既是一个扫墓祭祖的肃穆节日,也是人们亲近自然、踏青游玩、享受春天的节日。清明节融汇了自然节气与人文风俗为一体,是天时地利人和的合一,充分体现了中华民族先祖们追求"天、地、人"的和谐统一,讲究顺应天时地利、遵循自然规律的思想。

我国传统的清明节大约始于周代,已有两千五百多年的历史。清明节是中华民族的春祭大节,与清明春祭相对应的是重阳秋祭、春秋二祭,古已有之。清明节有着久远的历史,它随着时代的发展而变化,到宋元时期,清明节在全国各地的地位上升,逐渐融合了寒食节和上巳节的习俗。

寒食节是较早流传于古代中国北方中原一带的节日,为清明前一两日,寒食节初为节时,禁烟火、只吃冷食,如《周礼》所言"仲春以木铎修火禁于国中"。由于北方寒冷,春三月气温上升正值改火的时节,人们在新火未到之时,要禁止生火。汉代称寒食节为禁烟节,因为这天百姓人家不得举火,到了晚上才由宫中点燃烛火,并将火种传至贵戚重臣家中。在后世的发展中逐渐增加了上坟祭扫、秋千、蹴鞠、牵钩、斗鸡等风俗。

上巳节,俗称三月三。上巳节是古代举行"祓除畔浴"(临河洗浴,以祈福消灾)活动中最重要的节日,人们结伴去水边沐浴,称为"祓禊"。《周礼·春官》:"女巫掌岁时祓除、衅浴、旱暵,则舞雩。"郑玄注:"今三月上巳水上之类。"三月上巳节,形成于春秋末期魏晋以后,上巳节的节期改为阴历三月初三,故又称"重三"或"三月三"。古代,每逢三月时令,人们都去水边祭祀。晋代陆机有诗写道:"迟迟暮春日,天气柔且嘉。元吉隆初巳,濯秽游黄河。"即是当时人们在上巳节祓禊、踏青的生动写照,唐代诗人王维写有诗句"少年分日作遨游,不用清明兼上巳"。到了宋代,上巳节逐渐销声匿迹,不见于文献记载。

唐朝之后,寒食节逐渐式微,宋元时期形成一个以祭祖扫墓为中心,将寒食的禁火、冷食风俗与上巳郊游等习俗活动相融合定型;由于寒食节的禁火、冷食习俗移到清明节,中国北方一些地方还保留着在清明节禁火与吃冷食的习惯。明清大体承接前代旧制,清明节仍然坚持并发展着其在春季生活中一个必不可少的大节的地位。民国时期,清明节这天,除了原有的扫墓、踏青等习俗,植树也被确定为常规项目,可认为是对民间长期延续的植树风俗的一个官方认定。

清明节民俗丰富，归纳起来是两大节令传统：一是礼敬祖先，慎终追远；二是踏青郊游、亲近自然。清明节不仅有祭扫、缅怀、追思的主题，也有踏青郊游、愉悦身心的主题，"天人合一"传统理念在清明节中得到了生动体现。清明节凝聚着民族精神，传承了中华文明的祭祀文化，抒发人们尊祖敬宗、继志述事的道德情怀。

第二节　清明节源起与传说

关于清明起源，有多种传说，其中流传最广的传说当是介子推的故事。

一、纪念介子推的传说

相传春秋战国时代，晋献公的妃子骊姬为了让自己儿子继位，就设毒计谋害太子申生，申生被逼自杀，申生的弟弟重耳，为了躲避祸害，流亡出走。流亡期间，重耳受尽了屈辱。跟着他一道逃亡的臣子，大多陆陆续续地离开了他，各奔前程，只有忠心耿耿的几个人追随着他，其中一个叫介子推。有一次，重耳饿晕了，介子推为了救重耳，从腿上割下一块肉，用火烤熟了送给重耳，19年后，重耳回国当了君主，就是著名的春秋五霸之一晋文公。

晋文公执政后，对那些和他同甘共苦的臣子大加封赏，唯独忘了介子推。介子推没有受封，决心不再见重耳。他背着年迈的母亲，到家乡绵山隐居。很多人为介子推鸣不平，劝他面君讨赏，然而介子推最鄙视那些争功讨赏的人。他打好行装，同母亲悄悄地到绵山隐居去了。晋文公听说后，羞愧莫及，亲自带人去请介子推，然而介子推已离家去了绵山。绵山山高路险，树木茂密，找寻两个人谈何容易，有人献计，从三面火烧绵山，逼出介子推。大火烧遍绵山，却没见介子推的身影，火熄后，人们才发现背着老母亲的介子推已坐在一棵老柳树下死了。晋文公见状，恸哭。装殓时，从树洞里发现一纸血书，上写道："割肉奉君尽丹心，但愿主公常清明。"为纪念介子推，晋文公下令将这一天定为"寒食节"。第二年晋文公率众臣登山祭奠，发现老柳树死而复活，便赐老柳树为"清明柳"，并晓谕天下，又把寒食节的后一天定为"清明节"。《荆楚岁时记》注云："介子推三月五日为火所焚，国人哀之，每岁春暮，为不举火，谓之'禁烟'犯则雨雹伤田。"在寒食节的形成及传承过程中，此说的影响越来越大。

在古代文献中，确有介子推其人的记载，但在《左传》《史记》等史书的记载中，并没有介子推被焚山而死的情节。并且寒食节起源于纪念介子推这一说法最早也要到两汉之交才有记载（见于桓谭《新论》）。据考，清明节的起源其实与介子推无关，许多学者认为这是后人为解释寒食节附会而来。清明作为一个春祭大节，远在周代之前已经确定。中国地域辽阔，先秦时期南北风俗各异，文献上主要记载北俗，唐代是各地墓祭风俗融合时期，此后清明节的墓祭节俗逐渐出现于文献上。在历史发展演变中，传统节日大多会被附会一个传说作为"起源"。

二、清明节野祭的传说

民间传说三国时，诸葛亮治蜀深得人心，可他去世后朝廷却没有为之盖庙，于是百姓在寒食期间到田野道路上拜祭。其后朝廷自省不当，正式拜祭诸葛亮于先祖（刘备）庙，但野祭的风俗已经形成，并演变为各家祭扫先人坟墓的习俗。这种习俗肇始春秋，在陕南的诸葛古镇一直绵延至今。早在蜀汉时期我国就出现了官民共祭诸葛亮的活动，概说起来，我国古代拜祭诸葛亮活动大致可分为滥觞（三国、两晋）、蔓延（唐、宋、金、元）和盛行（明、清）三个阶段，体现人们对诸葛亮的崇敬之情，弘扬诸葛亮"鞠躬尽瘁，死而后已"的精神。

第三节 清明节民俗活动

传统习俗分为三大部分：祭祀、春游、饮食。清明节是重要的传统祭祀节日，是祭祖和扫墓的日子，汉族和其他兄弟民族大多是在清明节扫墓。按阳历来说，它是在4月4日至6日，正是春光明媚，草木吐绿的时节，也正是人们春游（踏青）的好时候，所以古人有清明踏青，开展体育、娱乐活动的习俗。至今，清明节祭拜祖先，悼念已逝亲人的习俗直到现在仍很盛行。

清明节在历史发展中融合了流行于北方地区的寒食节和上巳节的习俗。在南北朝以前，主要只有禁火和冷食两项内容，但到了南朝梁时，便有了斗鸡、斗卵之戏。到了唐代，又添了演出百戏和荡秋千、拔河作为寒食、清明的娱乐项目。《荆楚岁时记》载：立春之日，"为施钩之戏（即拔河），以縆作篾缆相胃，绵亘数里，鸣鼓牵之。又为打球、秋千之戏。"张籍《寒食内宴诗》云："廊下御厨分冷食，殿前香骑逐飞毬，千官尽醉犹教坐，百戏皆呈未放休。"杜甫《清明》诗云："十年蹴鞠将雏远、万里秋千习俗同。"《长安清明》诗又云："紫陌乱嘶红叱拨，绿杨高映画秋千。"五代王仁裕《开元天宝遗事》记云："天宝宫中，致寒食节，竞竖秋千，令宫娥辈戏笑以为宴乐，帝呼为半仙之戏，士民相与仿之。"唐朝武平一《景龙文官记》云："景龙四年清明，中宗幸梨园，命侍臣为拔河之戏。以大麻絙两头系十余小索，每索数人执之以挽，力弱为输。"荡秋千和拔河，皆属于春嬉的竞技和游戏节目,可见唐代已将这些立春的竞技游戏节目作为寒食、清明的游戏项目了。至宋代清明节又增添了龙舟竞渡作为游戏项目。如《梦粱录》云:"清明日又有龙舟可观。"❶

上巳节主要风俗是郊外春浴、祓禊、游春、祭祀宴饮、曲水流觞等。由于上巳节的节日性质与气氛上具有两重性,其一是尽情地嬉戏、春游,其二则是肃穆地祓禊洗浴和悲哀地招魂续魄。到了东汉时期,上巳节的传统活动内容主要就只有春游这一项在清明节遗存下来了。

第四节 清明节民俗体育活动

清明节要寒食禁火,为防止寒食冷餐伤身,人们就积极参与体育活动以强身健体。我国民间长期保持着清明踏青、放风筝、荡秋千、拔河、蹴鞠、击壤等体育娱乐活动的习惯。清明初春万物复苏,人们在户外运动、心旷神怡,人们呼吸新鲜空气,舒展筋骨,进行着各种有益身心的体育锻炼。

一、踏青

踏青一般指初春时到郊外散步游玩。踏青这种节令性的民俗活动,在中国有着悠久的历史,其源泉是远古农耕祭祀的迎春习俗,这种农耕祭祀的迎春习俗对后世影响深远。清明时节,人们置身于大自然中,欣赏和领略春日景象,郊外远足,呼吸新鲜空气,观赏春色,类似现代的健身走,对身体自然大有裨益。据《礼记·月令》载:"立春之日,天子亲帅三公、九卿、诸侯、大夫以至,以迎春东郊。"

先秦时,齐国有"放春三月观于野"之俗;鲁、楚也有春日出游之习。清明节兼具节气与节日两大内涵,清明节气在时间和气象物候特点上为清明踏青习俗的形成提供了重要条件。人们乃因利趁便,扫墓之余一家老小在山乡野间游乐一番,中国民间长期保持着清明踏青的习惯。

春秋战国时期,春游踏青也成为上巳节较为普遍民俗活动。据《论语·先进》记载:"莫(暮)春者,春服既成,冠者五六人,童子六七人,浴乎沂,风乎舞雩,咏而归。"

汉代基本上承袭了先秦的"迎春"的习俗。除皇帝率百官举行"迎春仪"外,各郡县也有迎春之礼。如《后汉书·祭祀志下》载:"(县邑常于)立春之日,皆青幡帻,迎春于东郭外。令一童男冒青巾,衣青衣,先在东郭外野中。迎春至者,自野中出,则迎者拜之而还,弗祭。"

---

❶ 张君. 神秘的节俗[M]. 南宁:广西人民出版社,2004:46-48.

此外，在春和景明的季节里，帝王贵族们常借迎春之仪游览春色。武帝太初二年（公元前103年），"三月行幸河东，祠后土。令天下大酺五日"。❶后汉明帝、章帝、和帝、安帝、灵帝、献帝都常于春季出游。郡县官吏也常以劝农为"春行"。《盐铁论·散不足》中记载了民间春秋郊祭："今富者祈名岳，望山川，椎牛击鼓，戏倡舞像；中者南居当路，水上云台，屠羊杀狗，鼓瑟吹笙；贫者鸡豕五芳，卫保散腊，倾盖社场。"反映了汉代的踏青风俗的盛行。

魏晋之后，上巳节改定在三月初三日，上巳节的古俗逐渐被水滨祓禊、曲水流觞、踏青等活动取代，而成为游春娱乐的盛会。晋代之后又有许多娱乐，如临水浮卵，浮枣，曲水流觞等，十分盛行。

隋代，踏青成为一项十分普及的民俗体育活动。尤其是每当春暖花开的时节，仕女游春活动最盛。隋代著名画家展子虔绘《游春图》（图6-1），对明媚的春光及人们成群结队游春的情景做了形象的描绘。

图6-1 （隋）展子虔 《游春图》

唐代的踏青更为盛行。如杜甫有"江边踏青罢，回首见旌旗。"孟浩然有"岁岁春草生，踏青二三月。"据《旧唐书》记载，唐代宗曾在农历二月初二前往郊外踏青："大历二年二月壬午，（代宗）幸昆明池踏青。"李淖在《秦中岁时记》也记载云："唐上巳日，赐宴曲江，都人于江头禊饮，践踏青草，曰踏青。"可见唐代郊外踏青活动的盛行。白居易《会昌春连宴即事》写他与刘禹锡、王起三人宴会联诗，这年寒食、上巳二节相连："元年寒食日，上巳暮春天。鸡黍三家会，莺花二节连。"而刘禹锡联句云："陌喧金距斗，树动彩绳悬。姹女妆梳艳，游童衣服鲜。"游女如云，衣饰鲜艳，说的就是上巳的踏青活动。

---

❶ 崔乐泉. 中国古代体育文化源流[M]. 贵阳：贵州民族出版社，2011：134.

宋代的踏青活动，大多集中在清明节。北宋画家张择端的风俗画《清明上河图》（图6-2）就极其生动地描绘了宋都城汴京外，以汴河为中心的清明时节的热闹情景。孟元老的《东京梦华录》载，人们借清明上坟的机会，在郊外踏青聚会，以至"四野如市"："寒食第三日，即清明节矣，凡新坟皆用此日拜扫，都城人出郊……四野如市，往往就芳树之下或园圃之间罗列杯盘，互相劝酬。都城之歌儿舞女，遍满园亭，抵暮而归。"春天郊游踏青，这个节令活动与清明节日结合在一起，相沿成俗，内容也为之一变，娱乐身心的体育和游艺活动取代了宗教祭祀的寄托，更加盛行了。宋朝诗人吴惟信诗云："梨花风起正清明，游子寻春半出城。日暮笙歌收拾去，万株扬柳属流莺。"对当时春游自昼及暮，笙歌如痴的盛况可谓描摹得淋漓尽致。

图6-2 （宋）张择端 《清明上河图》（局部）

至南宋，踏青更盛。南宋周密在《武林旧事》卷三中记有："西湖天下景，朝昏晴雨，四序总宜。杭州亦无时而不游，而春游特盛焉……都人士女，两堤骈集，几于无置足地。水面画楫栉比如鱼鳞，亦无行舟之路。"歌欢箫鼓之声振动远近，其盛况可以想见。偌大的西湖中，竟至"无行舟之路"；长长的西湖岸边，也"几于无置足地"，这种热闹景象，即使在今天，也难得一见。南宋《西湖老人繁胜录》记载："清明节，公子王孙富室骄民，踏青游赏城西。"

明代的踏青习俗与宋代一样，主要借清明节扫墓时进行。明刘侗、于奕正《帝京景物略·春场》曰："三月清明日……是日簪柳，游高梁桥，曰踏青。"还在《帝京景物略·高梁桥》中说："岁清明，桃柳当候，岸草遍矣。都人踏青高梁桥。"在明人谢肇淛的《五杂俎》中，也有类似的记载："北人重墓祭，余在山东，每逢寒食，郊外哭声相望，至不忍闻。当时便有善歌者，歌白乐天寒食行，作变徵之声，坐客未有不堕泪者。南人借祭墓为踏青游戏之具，纸钱未灰，鸟履相错，日暮，墦间主客无不颓然醉倒。"可见此时的清明节已由单纯的祭祀活动演化为同时游春访胜地踏青。踏青时节除了登山临水，游览春光之外，人们还开展各式各样的体育娱乐活动，诸如放风筝、荡秋千、蹴鞠、牵钩（拔河）等，内容更为丰富。明代田汝成的《西湖游览志余》卷二十记载了当时杭州清明时节，人们踏青时参与的诸多活动："是日，倾城上冢，南北两山之间车马阗集而酒尊食罍，山家村店，享馂遨游，或张幕藉草，并舫随波，日暮忘返。苏堤一带，桃柳阴浓，红翠间错，走索、骠骑、飞钱、抛钹、踢木、撒沙、吞刀、吐火、跃圈、斛斗、舞盘及诸色禽虫之戏，纷然丛集。"

清代，清明踏青习俗依然盛行，特别是从清乾隆年间，所修的地方志和地方文献都记载了清明时节踏青的情景。清代潘荣陛编撰的《帝京岁时纪胜·岁时杂戏》详细记载了清明时节扫墓踏青的情景："清明扫墓，倾城男女，纷出四郊，提酌挈盆，轮毂相望。各携纸鸢线轴，祭扫毕，即于坟前施放较胜。"清代文士顾禄在《清嘉录》记载人们在清明节"游春玩景"的盛况："游玩天平、灵岩诸山者，探古迹，访名胜，兜舆骏马，络绎于途，虎丘山下，白堤七里，彩舟画楫，衔尾以游""夕阳在山，尤闻笑语。盖春事半在绿阴芳草之间，故招邀伴侣，及时行乐，俗谓之'游春玩景'"。

每至春回大地、草木皆绿的清明时节，人们纷纷兴致勃勃结伴前往郊外踏青、游玩、放风筝。在踏青的过程中，人们沐浴着和煦的阳光，心旷神怡，在大自然的怀抱中吐故纳新。

二、放风筝

风筝又称"纸鸢""鸢儿"，放风筝是清明时节人们所喜爱的活动。风筝即是在竹篾等骨架上糊上纸或绢，拉着系在上面的长线，趁着风势可以放上天空，属于一种单纯利用空气动力的飞行器。每逢清明时节，人们不仅白天放，夜间也放。夜里在风筝下或风筝拉线上挂上一串串彩色的小灯笼，像闪烁的明星，被称为"神灯"。扫墓的时候，孩子们还要放风筝，有的还要装上竹笛，经风一吹发出筝一样的声音，据说这就是风筝的由来。

在我国古代，放风筝不但是一种游艺活动，而且是一种巫术行为，他们认为放风筝可以放走自己的晦气。所以很多人都把自己知道的灾病都写在纸鸢上，等风筝高飞时，就剪断风筝线，让纸鸢随风飘逝，象征着自己的疾病、秽气都让风筝带走了。清人潘荣陛所著《帝京岁时纪胜》记载："清明扫墓，倾城男女纷纷出四郊，提酌挈盒，轮毂相望。各携纸鸢线轴，祭扫毕，即于坟前施放较胜。"《清嘉录》载："纸鸢，俗呼鹞子。春晴竞放，川原远近，摇曳百丝。晚或系灯于线之腰，连三接五，曰'鹞灯'。又以竹芦粘簧，缚鹞子之背，因风播响，曰'鹞鞭'。明后东风谢令乃止，谓之'放断鹞'"。杨韫华《山塘棹歌》云："春衣称体近清明，风急鹞鞭处处鸣。忽听儿童齐拍手，松梢吹落美人筝。"

春天放风筝，对人的身体健康是非常有益处的。传统中医认为，放风筝者沐浴和煦的阳光和春风，有"疏泄内热，增强体质之益。"史书《续博物志》也有"放风筝，张口仰视，可以泄热"之说。在明媚的春光里踏青放风筝，能使人情绪开朗、心境愉悦；可以舒展筋骨，促进血液循环；同时，人们尽情呼吸着新鲜空气，吐故纳新，能促进人体的新陈代谢，改善血液循环状态，故有消除冬日气积郁、祛病健身之功效。此外，放风筝时，双眼面对蓝天，飞行的风筝千姿百态，可以消除眼肌疲劳，调节和改善视力，预防近视和弱视。

三、荡秋千

荡秋千是我国古代清明节习俗。秋千，意即揪着皮绳而迁移，历史悠久，最早叫千秋，后为了避忌讳，改为秋千。古时的秋千多用丫枝为架，再拴上彩带做成，后来逐步发展为用两根绳索加上踏板的秋千。荡秋千不仅可以增进健康，而且可以培养勇敢精神。

秋千的起源可追溯到几十万年前的原始社会。那时，我们的祖先为了谋生，不得不上树采摘野果或猎取野兽。在攀缘和奔跑中，他们往往需要抓住粗壮的蔓生植物，依靠藤条的摇荡摆动，上树或跨越沟涧，这是秋千最原始的雏形。至于后来绳索悬挂于木架、下拴踏板的秋千，春秋时期在中国北方就有了，传说为春秋时代北方的山戎民族所创。《艺文类聚》中就有"北方山戎，寒食日用秋千为戏"的记载。南北朝梁宗懔所著的《荆楚岁时记》记载："春时悬长绳于高木，士女彩服坐其上而推引之，名曰打秋千"。《荆楚岁时记》注中具体勾画出了秋千从山戎族之游戏转变为汉人游戏的脉络。杜公瞻注曰："《古今艺术图》云：'秋千，本北方山戎之戏，以习轻者。'后中国女子学之，乃以彩绳悬木立架，士女炫目服，坐立其上，推引之，名曰'秋千'"。山戎，又称北戎，居住在今冀北地区。春秋早期齐、许两国曾联兵征讨过山戎，大概就是这一时期，荡秋千的游戏便传入了中原。当时拴秋千的绳索为结实起见，通常多以兽皮制成，故秋千两字繁写"鞦韆"，均以"革"字为偏旁。开始仅是一根绳子，双手抓绳而荡。

汉武帝时，宫中以"千秋"为祝寿之词，取"千秋万寿"之意，以后为避忌讳，将"千秋"两字倒转为"秋千"。唐朝高无际的《汉武帝后庭秋千赋》称："秋千者，千秋也，汉武祈千秋之寿，故后庭多秋千之乐。"唐朝时期秋千已非常普及，清明节前后荡秋千已成为一种节日。《开元天宝遗事》记载："天宝宫中至寒食节（清明的前一天），竞竖秋千，令宫嫔辈戏笑以为宴乐，帝呼之为半仙之戏，都中士民相与仿之。"

唐代荡秋千已成为很普遍的游戏活动，并成为清明节习俗的重要内容。唐朝大诗人杜甫的《清明》中更留下"十年蹴鞠将雏远，万里秋千习俗同"的诗句，证实在唐朝时已形成了特有的秋千文化。至宋代，秋千更被世人喜欢，稍有资财建园者均要在园中竖起秋千才为名园。在宋代诗词中，如张先的《青门引》："楼头画角风吹醒，入夜重门静。那堪更被明月，隔墙送过秋千影。"元朝时，秋千也备受人们喜欢，元曲中秋千出现得更为频繁，如"疏星淡影秋千院，愁恨雨，芙蓉面。""画楼洗尽鸳鸯瓦，彩绳半湿秋千架。"到了明清两朝，人们对秋千的喜爱更胜过元朝，留下众多描写荡秋千的诗文，如明人瞿祐的《清明即事》："满院晓烟闻燕语，半窗晴日照蚕生。秋千一架名园里，人隔垂杨听笑声。"再现了清明时节人们在名园中争荡秋千的欢乐嬉笑场景。

荡秋千可以使人心旷神怡，锻炼身体和意志。无疑是一种有益的民间体育游艺活动。一些地方的群众认为，荡秋千能祛除疾病。这也许就是荡秋千能世代相传、经久不衰的原因。

荡秋千分单人荡、双人荡、立荡、坐荡等。荡秋千属于室外活动，除了酷寒、盛暑季节外，其他季节都可以荡秋千，尤其是春秋两季最适于荡秋千。总的来看，荡秋千基本上没有被列为特定季节的节令活动。旧时很多地方都有自己的秋千高手，有时还要举行表演比赛，如《中华全国风俗志》上篇卷八载：广东"上元观灯，或作秋千百戏"，荡得最高最美的人很受乡邻的赞扬。荡秋千的日子里，也常常是青年男女相遇、接触的好机会。

在我国很多少数民族有荡秋千的习俗，特别是朝鲜族和苗族独具特色。荡秋千是朝鲜族妇女喜爱的民间游戏，每逢节日聚会，人们便会看到成群结队的朝鲜族妇女，聚集在参天的大树下，或高耸的秋千架旁（图6-3）。身穿鲜艳民族服装的朝鲜族妇女，在人们的欢呼、叫好声中荡起了秋千，她们一会腾空而起，一会俯冲而下，尽情地欢乐，长长的裙子随风飘舞，大有飘飘欲仙之感。朝鲜族妇女荡的秋千，不仅高，而且很飘，有的秋千几乎都荡平了，真可谓是触目惊心。荡秋千比赛分为单人和双人两种。具体比赛方法各地不尽相同，但有个共同点，那就是都以高度作为决定胜负的标准。有的是以树梢或树花为目标，看谁能咬到或踢到；有的是在高处挂一个铜铃，看谁能碰响。有的在秋千蹬板下系一个标有尺寸的绳子，以此来测量高度，决定胜负。

苗族荡秋千源于祖先山野生活中，依靠藤条摇荡摆动，上树或跨越沟壑的经验。一般在苗年、春节等节日期间举行相关活动，既是苗族的一项民族传统体育项目，也是男女青年的娱乐活动。苗族的八人秋千独具特色，流行于湘西苗族地区，"八人秋千"是一项民族传统体育活动，蕴含着丰富的苗族文化（图6-4）。

图6-3　朝鲜族荡秋千　　　　　　　　　　　　图6-4　苗族八人秋千

相传久以前，有一个员外的女儿突然失踪，为了寻找女儿，他请木匠作了一个形同纺车的秋千，当十里八乡的人从四处来到秋千旁观看转秋的时候，女儿真的出现在他的面前。从此，当地的苗族同胞就会在节庆的日子，架上八人秋千，以求幸福吉祥。

在八人秋千架上，分别坐着四男四女，架下站着两位老人——秋公和秋婆。先由秋公、秋婆念几句诗，再唱"开秋歌"，然后由秋公秋婆转动秋千，这就是"开秋"。当快速旋转的秋千停下来以后，谁停在最上面就要唱歌。因为玩八人秋千有"竖秋千八人坐，谁转上面就唱歌"的规则，在上面的两个人对歌，一直到大家满意为止。

苗族男女常常通过荡秋千这一方式进行情感交流，在秋千上对唱情歌，选定自己的意中人，且互赠礼物，定下终身。久而久之，这一活动演变成现在的民族传统体育项目。

四、拔河

拔河是中国古代的一项体育活动。《墨子·鲁问》中记载，相传春秋时期，楚、越两国水军交战时，鲁国的工匠公输子（鲁班）设计了一种称为"钩强"的兵器，用于阻挡和钩住敌船。在阻和钩时，需要战士具有强大的力量。因此，当时把钩强对拉作为军事训练的重要内容。之后又流传到民间，南朝梁宗懔所撰《荆楚岁时记》称立春之日，"为施钩之戏，以绠作篾缆，相霄（系）绵亘数里，鸣鼓牵之"。施钩即牵钩。特别是临水地区的各水乡渔村，渔民们仿效"钩强"制作成类似近代带有"挽子"的篙，作为撑船的工具。与此同时，有的地区还把这项军体运动变成一项民间的体育娱乐活动，形成一种习俗，每逢佳节就用"牵钩"之戏来进行庆贺。该戏一般是由人数相等的两队，对拉一根篾缆以比试力量。

"牵钩之戏"是以绠作篾缆，坚硬粗糙，两队较量时，手掌极易损伤，不利于选手力量和技术的发挥。到了唐代，更名为拔河，其使用的器材也得到了改变，用较柔软的麻绳替代了篾缆，也有用"巨竹"的，大大减小了手掌的磨伤。其次，在麻绳的两端，又联结出一根小绳索，供选手套在胸腋间，更有助于力量和技术的发挥。与此同时，进一步完善了拔河游戏的规则，明确了决胜线标志，即河界，制定了裁判法和裁判人员的职责。唐封演《封氏闻见记》记载："拔河，古谓之牵钩，襄汉风俗，常以正月望日为之。"在《张说元文集》卷二唐玄宗观拔河诗序中有记载："俗传此戏，必致年丰，敌命北军，以求岁稔"；薛胜在《拔河赋》中详尽地描绘了拔河比赛的壮观场面："伊有司兮，昼尔于麻，宵尔于纱，成巨索兮高轮囷，大合拱兮长千尺。尔其东西之首也，派别脉分，以挂人胸腋。各引而向，以牵乎强敌。载立长旗，居中作程，苟过差于所志，知胜负之攸平。"当拔河开始之后，"执金吾祖紫衣以亲鼓，伏柱史持白简以鉴绳，败无隐恶，强无蔽能"。当双方相持不下时，"绳暴拽而将断，犹匍匐而不回""千人抃，万人哈，呀奔走，垒尘埃，超拔山兮力不竭，信大国之壮观哉"。可见，这样的拔河活动，还与显示国威有关。另外，据《新唐书·中宗纪》记载了唐中宗李显还组织过女子拔河比赛，"景龙三年……及皇后幸玄武门，观宫女拔河，为宫市以嬉"。反映了拔河在唐代的流行，也充分说明了唐代社会的开放和妇女的地位。

宋代，拔河活动也偶有记载。祝穆《方舆胜览》曰："拔河之戏，以麻巨竹分朋而挽水，谓之拔河，以定胜负，而祈农桑"，可见此时的拔河已经从一种娱乐游戏，演变成扶正祛邪、祈求丰收的民俗活动。宋梅尧臣《江学士画鬼拔河篇》："分明八鬼拔河戏，中建二旗观却前。"元代以后，关于拔河的记载很少见到，显示拔河活动衰落。

晚清时期，拔河游戏在民间仍有流行。例如光绪年间，在甘肃的洮州地区，"每岁正月元旦及岁时各节，皆无异俗。惟正月初五午后，有扯绳之戏。其俗在东西门外河滩。以大麻绳作两二股，长数丈。另将小绳均挂大绳之末。分上下二朋，两钩齐挽。少壮威，牵绳首，极力扯之。老弱旁观。鼓噪声可撼岳。以西城门为界，上下齐扯。凡家居上者，上扯；家居下者，则下扯。胜者踊跃欢呼，负者颇为失意。其说，以为扯势之胜负，即以占年丰欠焉。相沿已久，不知自按襄汉拔河之举、上古牵钩之俗？（《洮州府志·风俗》）"

五、蹴鞠

蹴鞠即古代足球，古代足球起源于中国战国时期的齐地，这已得到国际各方的证实和认可。2000年12月25日，国际足联主席布拉特先生在伊朗举行的"文明杯"足球赛新闻发布会上说："足球起源于中国，并从那里传给了埃及，而后从埃及传到希腊、罗马、法国，最后才传到美国。""蹴鞠"的"蹴"是用脚踢的意思，"鞠"是一种球，用皮作表，里面塞满丝、毛、糠等柔软的东西。《汉书·枚乘传》中颜师古注云："蹴，足蹴之也；鞠，以革为之，中实以物；蹴蹋为戏乐也。"蹴鞠既是一种体育运动，又是古代百戏的一个组成部分。战国时期已很流行，是我国足球运动的早期形式。

最早记载足球活动的书是《战国策·齐策》，书中记载："临淄甚富而实，其民无不吹竽、鼓瑟、击筑、弹琴、斗鸡、走犬、六博、踏鞠者。"西汉学者刘向在《别录》中写道："蹴鞠，传言黄帝所作，所以练武士知有材也。"汉代班固把蹴鞠列入兵家技巧类，并称："以立攻守之胜者也"。《盐铁论·刺权》中说："贵人之家……蹋鞠斗鸡"为乐。百姓也是在"康庄驰逐，穷巷蹋鞠"（《盐铁论·国疾》）。颜师古又在《汉书·艺文志》注中说："蹴以革为之，实以物，蹴蹋之以为戏。"可见汉代蹴鞠主要有两种活动形式，即作为练兵手段的军队蹴鞠和娱乐性质的民间蹴鞠。

蹴鞠发展至汉代，普及范围进一步扩大，作为一项娱乐活动赢得上至皇帝，下到市井子弟的广泛喜爱，正如《盐铁轮·国疾》中所说"康庄驰逐，穷巷蹋鞠"。西汉中期以后，市井子弟"穷巷蹋鞠"是常见的景象；《汉书·霍去病传》记载霍去病塞外出征之时，"穿域蹋鞠"以为戏乐；武帝喜欢蹴鞠，令枚皋作《蹴鞠赋》；葛洪《西京杂记》记载汉成帝酷爱蹴鞠，众臣怕他劳累认为不适合皇帝："成帝好蹴鞠，群臣以蹴鞠为劳体，非至尊所宜，……作弹棋以献"。东汉皇宫中有专门修建有踢球的地方，比如含章鞠室，以及灵芝鞠室。蹴鞠在汉代宫廷的盛行，这可能与汉高祖刘邦有很大关系。据《西京杂记》说：汉高祖刘邦以太上皇平生好蹴鞠，乃作"新丰"。说刘邦即位后，为表孝心，即把父亲接到了长安。然而，刘父住在豪华的里宫中，尽管锦衣玉食，却没有了乡党穷巷那种斗鸡蹴鞠的情趣，因而整天闷闷不乐。于是，刘邦把父亲家乡的朋友都请来，在长安仿家乡丰邑校样，建成新丰，陪父亲踢足球。《西京杂记》记载："太上皇（刘邦之父）徙长安，居深宫，凄怆不乐。高祖（刘邦）窃因左右问其故，以平生所好，皆屠贩少年，酤酒卖饼，斗鸡蹴鞠，以此为欢。今皆无此，故以不乐。高祖乃作新丰，移诸故人实之，太上皇乃悦"。足见蹴鞠运动在当时社会的普及和喜好程度。

蹴鞠运动有多种形式，比如作为一种军事训练的手段。蹴鞠兼有娱乐和锻炼的功能，自然成为军队练兵的主要内容和集体游戏的方式，"皆因嬉戏而讲习之，今军士无事，得使蹴鞠"（刘向《别录》）。在《汉书》中，《蹴鞠》同《射法》《剑道》《手搏》等著作一同被列入"兵技巧十三家"之内。由此可见，"蹴鞠"运动已作为训练士兵的手段。刘向《别录》中说："蹋鞠，兵势也。所以练武士，知有才也，皆因嬉戏而讲练之"。为了锻炼士兵体魄，蹴鞠在汉代受到了军事部门的青睐。《汉书·艺文志》有"蹴鞠二十五篇"，并作了这样的描述："技巧者，习手足，便器械，积机关，以立攻防之胜者"。《史记·卫将军骠骑列传》记载："其（霍去病）在塞外，卒乏粮，或不能自振，而骠骑尚穿域蹋鞠（穿域，指穿地为鞠室，相当于球门）。事多此类。"可见蹴鞠在兵营中的欢迎程度。作为军事训练的蹴鞠与今天的足球运动颇为相似，具有很强的对抗性和竞技性，《文选·何晏》："僻脱承便，盖象戎兵。"吕延济注："言蹴鞠之徒，便僻轻脱，承敌人之便，以求其胜，此乃如戎兵之事。"因蹴鞠的活动特点，既要求士兵能快速奔跑，又要有对抗推摔的能力，对体能、团队和纪律性都有很好的锻炼，加上本身的娱乐功能，作为军事练习的内容也就成为自然。

另外，蹴鞠也可以作为一种娱乐的手段。以娱乐为目的，两汉时期的蹴鞠呈现为表演性蹴鞠和竞技性蹴鞠。表演性蹴鞠是在鼓乐伴奏下进行以脚、膝、肩、头等部位控球技能的表演，有人称之为"蹴鞠舞"，是百戏中的重要节目。竞技性蹴鞠一般设有鞠场，鞠场呈正方形，设有坐南面北供观赏的大殿，四周有围墙，称为"鞠城"。东汉时期，著名文学家、政治家李尤，写了一篇关于蹴鞠的短文，很详细地反映了当年足球的状况："圆鞠方墙，仿象阴阳。法月衡对，二六相当。建长立平，其例有常。不以亲疏，不有阿私。端心平意，莫怨其非。鞠政由然，况乎执机。"

六、击壤

《辞源》解释击壤为"古游戏名"，一般认为是古代的一种投掷类游戏。东汉王充《论衡·艺增篇》："传曰：有年五十击壤于路者，观者曰：'大哉，尧德乎！'击壤者曰：'吾日出而作，日入而息，凿井而饮，耕田而食，尧何等力！'"

从"击壤"的字义分析，"击"是击打、投击之意；"壤"也不是什么特制物品，《辞海》说"壤，泥土的通称"。由此推断，当时的"击壤"是一种投击土块的游戏。至于后世改用木屐、砖块等物，则是击壤游戏用具的发展。

击壤源于原始时期人类的生产与生活。在远古时代的狩猎生产中，人类会用土块、石块、木棒投击猎物；在原始的部落战争中，这种投击也成为作战技能。为了投击得更准确，平时便要练习。后来，狩猎、作战工具得到改进，有了弹弓和弓箭，不再依靠土块、石块、木棒掷击野兽，这种投击练习便演变成了一种游戏。也有人根据《高士传》关于"壤父击壤"的描写，认为击壤与投壶相似，本是士大夫的一种休闲习艺方式，因具有较强的娱乐性，遂逐渐流向民间，并改变了活动形式。可见击壤是一项古老的投掷游戏，相传远在帝尧时代已经出现，距今至少有四千年的历史。

东汉刘熙的《释名》中讲道："击壤，野老之戏"。继东汉王充《论衡·艺增篇》关于击壤的记载之后，晋人皇甫谧《高士传》中也记述了尧时存在的击壤游戏，说尧出游于田间，路见"壤父"一边击壤，一边歌唱。"帝尧之世，天下太和，百姓无事。壤父年八十余而击壤于道中。"后来，"帝尧之世，击壤而歌"成了太平盛世的一个典故。如清方贞观《出宗阳》诗："生逢击壤世，不得守耕桑。"

另外，也有人认为击壤的源头可能是一种生产巫术，或是一种预测秋成的占卜形式。还有人更具体地认为，击壤最初是从事农作的初民借以谢土报社的俗信活动，蕴含在游戏外表中的内核是对土地神的膜拜。以《高士传》的描述看，虽然没有直接言及亲土祭神之事，但"壤父"所唱歌词与农事兴作饮食相关，并与击壤动作相配，应当是奉献土地神的祝颂。正如《诗经·小雅·甫田》中关于"琴瑟击鼓，以御田祖，以祈甘雨，以介我稷黍，以谷我士女"的描写一样，击壤和击鼓都用娱乐的方式祭奉土地，是一种动态的乐神行为。由于这种俗信活动所具有的欢怡气氛，决定它由娱神向娱人的方向转化，最终形成一种季节性游戏，并在传习过程中逐渐淡化掉俗信的成分。

关于击壤的发展，至迟在汉代开始，击壤活动在民间已十分流行。东汉王充《论衡·刺孟》："夫毁瓦画墁，犹比童子击壤于涂，何以异哉！"三国时的吴人盛彦曾在《击壤赋》中说："论众戏之为乐，独击壤之可娱，因风托势，罪一杀两。"从这里的"论众戏之为乐，独击壤之可娱"，可以推断击壤是当时人们闲暇游戏的第一活动。

击壤所用的"壤"，最早应当是土块，后来才逐渐有了变化。三国魏邯郸淳《艺经》中有这样的记载："壤以木为之，前广后锐，长尺四，阔三寸，其形如履。""将戏，先侧一壤于地，遥于三四十步以手中壤敲之，中者为上。"当时的"壤"已发展成一尺四寸长、三寸宽（长约46厘米、宽10厘米）前宽后窄、形状如履的木制品，更为耐用。游戏的方法是把一块"壤"侧放地上,在三四十步处,用另一"壤"去投击它,击中的就算得胜。说明这时的击壤已经形成有比赛、争高低上下、力求准确性的投掷活动。

三国时期的曹植,在《名都篇》中提到了"击鞠壤"游戏:"连翩击鞠壤,巧捷惟万端。白日西南驰,光景不可攀。云散还城邑,清晨复来还。"这里的"击鞠壤",有人解释为"蹴鞠和击壤"。

两晋南北朝时期,击壤在民间很流行,南朝诗人谢灵运在《初去郡》中写下了"即是羲唐化,获我击壤情"(《谢灵运集》上编"诗集")的诗句。晋人张协的《七命八首》诗中也有"玄韶巷歌,黄发击壤"之句,是说当时黑发的童子在歌唱,黄发的老翁在玩击壤的游戏。可见,击壤是当时很受欢迎的游戏。

唐代,击壤仍然流行。唐代李峤在《喜雨歌》中说:"野恰如坻泳,途喧击壤区"。后一句是说道路中响彻击壤的歌声。唐张说《季春下旬诏宴薛王山池序》:"河清难得,人代几何?击壤之懽,良有以也。""懽"同"欢",表明人们对击壤的喜爱。

宋代,文学作品中不乏关于击壤的记载。如司马光《春帖子词·皇帝阁六首》其一:"盛德方迎木,柔风渐布和。省耕将效驾,击壤已闻歌。"范成大《插秧》诗:"谁知细细青青草,中有丰年击壤声。"当时的击壤与歌唱、丰年相联系。宋代的击壤方式,有了一些变化,明人杨慎《丹铅余录·卷九》有这样的记载:"宋世寒食有抛堶之戏,儿童飞瓦石之戏,今之打瓦也。""抛堶"即击壤。梅尧臣《依韵和禁烟近事之什》诗:"窈窕踏歌相把诀,轻浮赌胜各飞堶。或云起于尧民之击壤。"此外,宋代张侃在《代吴儿作小至后九九诗八解》诗中也提到了抛堶的游戏,诗云:"五五三三抛堶忙,柳丝深处映陂塘。"可见,当时在寒食节、清明节前后的一段时间,宋时儿童中流行着名为"抛堶"或"飞堶"的类似击壤的游戏。宋代类似抛堶的游戏,有"飞石"之说。《太平御览》记载,飞石的玩法是:"以砖二枚长七寸,相去三十步为标。各以砖一枚,方圆一尺掷之。主人持筹随多少。甲先掷破则得筹,乙后破则夺先破者。"这种"飞石"比赛,是一种带有赌博性的击壤游戏。

明代,击壤依然流行。晏璧《无忧泉》记载:"槛泉西畔漱清流,酌水能消万斛愁。白叟黄童争击壤,春来有事向东畴。"王圻《三才图会》转载了《艺经》关于击壤记述,并附有插图(图6-5)。明朝的击壤游戏有了变化,名称被称为"打柭儿",又曰"打柭""打瓦",并由此演变出"打柭柭"或曰"打板"的游戏。明代刘侗《帝京景物略》卷二中记载:"二月二日龙抬头……小儿以木二寸,制如枣核,置地而棒之,一击令起,随一击令远,以近为负,曰打柭柭,古所称击壤者耶? 其谣云:杨柳儿活,抽陀螺。杨柳儿青,放空钟。

图6-5 击壤图(《三才图会》)

杨柳儿死，踢毽子。杨柳发芽儿，打柭儿。"这种打柭儿便是由击壤发展而来的，已不是"以手中壤击之"，而是以手中的棒击起地面如同枣核形状的木棍，击起后再一击令远，以打远为胜。另据《顺天府志》记载："小儿以木二寸，制如枣核，置地棒之。一击令起，随一击令远，以近为负，曰打板。板，古称所称击壤者也。"可见，这里的"打柭柭"或"打板"，较以往的游戏方式已经有了很大的变化。这种变化在周亮工的《书影》中有较详细的描述。

清代周亮工撰写的《书影》中有记载："秣陵童谣有'杨柳黄，击棒壤'"。书中还具体描绘了击壤之戏新的变化："所云长尺四者，盖手中所持木；阔三寸者，盖壤上所置木。二物合而为一，遂今后人不知为何物矣。阔三寸者，两首微锐，先置之地，以棒击之，壤上之木方跃起，后迎击之，中其节，木乃远去。击不中者为负，中不远者为负，后击者较前击者尤远，则前击者亦负。其将击也，必先击地以取势，故谓之击壤云。"可见，在周亮工看来，《艺经》中所说的长一尺四寸、宽三寸（47厘米、10厘米）左右的壤，其实是两种东西，即一尺四寸长的木是击壤者手中所持的、准备用来击壤的工具，而三寸宽的木块，则是被击的对象，它两头微尖，被放置在地上。击壤开始，游戏者先用手中所持木击此小木块，当此小木块从地上弹起时，再以手中所持木猛击，击中且将此木块击得远的，就是胜者。这种活动有些类似今日的棒垒球运动。其中，空中击木是需要有相当技巧的，还要求有极快的反应能力，对击木棍的时间要把握得相当准确，能打远则更需要有很好的手腕巧劲。

清时，"打柭柭"又被称为"打尜尜"。"尜"是一种两头尖、中间大，形似梭子的木棒，也叫作尜儿。"打尜尜"在清代流行较广，清人潘荣陛的《帝京岁时纪胜》载有当时的童谣："杨柳青，放空钟。杨柳活，抽陀螺。杨柳发，打尜尜。"其具体活动形式与上述"打柭柭""打板"类似，所不同的是负者需大声呼"被……"边呼喊边跑，一口气把胜者击出的短木棒拾回来。这种游戏，不仅可锻炼敏感的击敲技能，而且也能锻炼奔跑的能力。它较投掷木块或砖瓦要复杂些，而且更有兴趣。

由于地域各异，因此明清时期人们对击壤这种游戏的叫法也五花八门。除了"打柭柭""打尜尜""打板"外，有的地方还叫"打瓦"，满族人谓"打得栲"，北方则叫"打瓦块"，而南方人直呼"栲棒"。

清后期，尽管人们不叫它"击壤"，但类似击壤的投掷游戏更加丰富多彩。

近现代，类似击壤的儿童投掷游戏仍然存在。20世纪50年代盛行于南京的"打梭"，游戏者以"斗一""斗二""斗三"的计数判定胜负，可以说是击壤之戏的变态形式。这种斗量计数方式，其实表达出万担归仓的谢土报社的喜悦，并寄托着来年获佑的愿望（陶思炎《风俗探幽》）。可以说，作为历史遗存，它仍潜含着早期的文化信息。

20世纪60年代，上海地区的少儿热衷于玩一种"笃棚门板"游戏。"笃"乃沪音，意为"投掷"，该游戏也从击壤演变而来，只是壤棍变成了类似扑克牌盒子形状的木块。

第七章

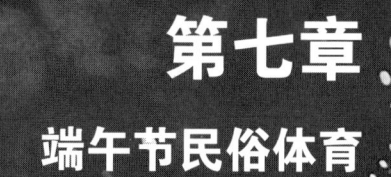

端午节民俗体育

　　端午节与春节、清明节、中秋节并称为中国四大传统节日。端午文化在世界上影响广泛，世界上一些国家和地区也有庆贺端午的活动。2006年5月，国务院将其列入首批国家级非物质文化遗产名录；自2008年起，被列为国家法定节假日。2009年9月，联合国教科文组织正式批准将其列入《人类非物质文化遗产代表作名录》，端午节成为中国首个入选世界非遗的节日。

第一节　端午节概说

农历五月初五是中国的传统节日——端午节，又称端阳节、龙舟节、重五节、浴兰节、天中节等，是集拜神祭祖、祈福辟邪、欢庆娱乐和饮食于一体的民俗大节。端午节最初为古代百越地区（长江中下游以南一带）崇拜龙图腾的部族举行图腾祭祀的节日，百越之地春秋之前有在端午日以龙舟竞渡形式举行部落图腾祭祀的习俗。近代大量出土文物和考古研究表明：早在上古时代，百越先民便创造出璀璨的高度文明，上古吴越先民以"龙"为图腾，在图腾时期，四支族的四龙各治一方，而以团族的一龙为中央共主，所以有五龙分治五方之说（闻一多《端午考》）。这些龙的历史传说，其实即是源于上古吴越先民对龙的崇拜与信仰，在当时端午其实是拜祭龙祖的节日。

龙及龙舟文化始终贯穿在端午节的传承历史中，龙舟作为一种文化，它的出现时间比屈原所处的年代要早得多。《淮南子·齐俗训》中有"胡人便于马，越人便于舟"的记载。中国古代南方水网地区人们常以舟代步，以舟为生产工具和交通工具。人们在捕捉鱼虾的劳作中，攀比渔获的多寡，休闲时又相约划船竞速，寓娱乐于劳动、生产及闲暇中，这是远古时竞渡的雏形。在有关龙舟起源的古籍记载中，最早是出现在东汉。据此可以推测，端午的习俗最初可能只在长江下游吴越民族中流行，后来吴越文化逐渐和中原文化交流融合，这种习俗才传到长江上游和北方地区。端午节风俗形成可以说是南北风俗融合的产物，随着历史发展又注入新的内容。总的来说，端午节起源于上古百越先民择"飞龙在天"吉日拜祭龙祖、祈福辟邪，注入夏季时令"祛病防疫"的风尚；把端午视为"恶月恶日"起于北方中原，附会纪念屈原等纪念历史人物内容。

端午节习俗在不同的历史时期有着不同的文化内涵。上古至先秦时期，端午活动体现的是先民们图腾祭祀和崇拜；两汉时期在北方一些地方的端午风俗主要是以避恶为主，人们以朱索、桃印施于门户，止恶气驱瘟避邪；唐代由于经济繁荣，人民生活相对稳定，节日习俗大多演变为节日娱乐活动，充满了节日的欢乐。唐玄宗《端午三殿宴群臣探得神字》中记述："五月符天数，五音调夏钧。旧来传五日，无事不称神。穴枕通灵气，长丝续命人。四时花竞巧，九子粽争新。方殿临华节，圆宫宴雅臣。进对一言重，遒文六义陈。股肱良足咏，风化可还淳。"民间的一些风俗活动得到官府的支持，竞渡之风尤为鼎盛。宋代的端午节除了赛龙舟依然盛行外（图7-1），一些民俗活动又被辽、金两国吸收，在端午节出现有拜天之礼、射柳之俗及击鞠娱乐活动。明清时期，端午风俗活动特别是赛龙舟规模越来越大。尤其南方的龙舟竞渡，成为轰动一时的盛举。据《武陵竞渡略》记载，龙舟竞渡已不限于端午一天。而

图 7-1 （宋）王振鹏 《龙池竞渡图》(局部)

是"四月八日揭篷打船，五月一日新船下水，五月十日十五日划船赌赛，十八日送标"。

近代自民国以来，经过几十年的移风易俗，端午节许多旧的风俗已被人们遗忘了，但端午节仍是民间深受欢迎的传统节日，粽子是不可缺少的佳节食品，龙舟竞渡仍然广受南方多水区域的民众追捧。

第二节　端午节源起与传说

端午节是流行于中国以及汉字文化圈诸国的传统文化节日，关于端午的起源，说法众多，其中以纪念屈原说影响最为广泛。楚国诗人屈原在五月初五跳汨罗江自尽，后人将端午节作为纪念屈原的节日。也有纪念伍子胥、曹娥及介子推等说法，以及恶月恶日驱避说、吴越民族图腾祭说等。端午节的起源涵盖了人文、哲学等方面内容，蕴含着深邃丰厚的文化内涵，在传承发展中杂糅了多种民俗于一体，各地因地域文化不同而又存在着习俗内容或细节上的差异。

一、纪念屈原说

据《史记·屈原贾生列传》记载，屈原是战国末期楚国丹阳（今湖北宜昌秭归）人，是春秋时期楚怀王的大臣（图7-2）。屈原，名平，字原，但实际上他姓"芈"，并不姓"屈"。相传，屈原倡导举贤授能，富国强兵，力主联齐抗秦，遭到贵族子兰等人的强烈反对，屈原遭谗去职，被赶出都城，流放到沅、湘流域。他在流放中，写下了忧国忧民的《离骚》《天

图7-2 （明）陈洪绶 《屈子行吟图》

问》《九歌》等诗篇。公元前278年，秦军攻破楚国京都，屈原眼看自己的祖国被侵略，心如刀割，但是始终不忍舍弃自己的祖国，于五月五日，在写下了绝笔作《怀沙》之后，抱石投汨罗江自尽，以自己的生命谱写了一曲壮丽的爱国主义乐章。屈原投江后，当地百姓闻讯马上划船捞救……但却没有捞到屈原的尸体。为了寄托哀思，人们荡舟江河之上，此后才逐渐发展成为龙舟竞赛。百姓们又怕江河里的鱼吃掉他的身体，就纷纷回家拿来米团投入江中，以免鱼虾糟蹋屈原的尸体，后来就形成了吃粽子的习俗。

从文献记载来看，最早将屈原和端午节联系起来的，是南北朝时南梁吴均的神话志怪小说《续齐谐记》。此时屈原已去世750年以上，从唐人欧阳询转抄《风俗通》（东汉末年应劭著）的文中可见，也许东灵帝时端午民俗中已有屈原的影子，但这也是屈原身后400多年的事了。许多端午习俗虽与屈原无关，但千百年来，屈原的爱国精神和感人诗辞，已广泛深入人心，故人们"惜而哀之，世论其辞，以相传焉"，因此，纪念屈原之说影响最广最深，占据主流地位。在民俗文化领域，中国民众把端午节的龙舟竞渡和吃粽子等，都与纪念屈原联系在一起。

二、纪念伍子胥说

端午节的第二个传说，是五月五日纪念春秋时期的伍子胥。

伍子胥，名员，楚国人，父兄均为楚王所杀，后来子胥弃暗投明，奔向吴国，助吴伐楚，五战而入楚都郢城。当时楚平王已死，子胥掘墓鞭尸三百，以报杀父兄之仇。吴王阖闾死后，其子夫差继位，吴军士气高昂，百战百胜，越国大败，越王勾践请和，夫差许之。子胥建议，应彻底消灭越国，夫差不听，吴国大宰，受越国贿赂，谗言陷害伍子胥，夫差信之，赐子胥宝剑，子胥以此死。伍子胥本为忠良，视死如归，在死前对邻舍人说："我死后，将我眼睛挖出悬挂在吴京之东门上，以看越国军队入城灭吴。"便自刎而死。夫差闻言大怒，令取子胥之尸体装在皮革里于五月五日投入大江，因此相传端午节亦为纪念伍子胥之日。

三、纪念孝女曹娥说

端午节的第三个传说，是为纪念东汉孝女曹娥救父投江。曹娥是东汉上虞人，父亲溺于江中，数日不见尸体，当时孝女曹娥年仅十四岁，昼夜沿江号哭。过了十七天，在五月五日也投江，五日后抱出父尸。就此传为神话，继而相传至县府知事，令度尚为之立碑，让他的弟子邯郸淳作诔辞颂扬。因此相传端午节亦为纪念孝女曹娥之日。

四、纪念介子推说

介子推是寒食节与清明节相关传说的主角，可也有认为端午节的由来与介子推有关。据东汉时期蔡邕的琴曲著作《琴操》记载，端午节系为纪念先贤介子推。《琴操》记载："晋文公重耳，与子绥俱亡，子绥割其腕股，以救重耳。重耳复国，舅犯、赵衰，俱蒙厚赏，子绥独无所得。绥甚怨恨，乃作《龙蛇之歌》以感之，遂遁入山。其章曰：'有龙矫矫，遭天谴怒，卷排角甲，来遁于下。志愿不与，蛇得同伍，龙蛇俱行，身辨山墅。龙得升天，安厥房户，蛇独抑摧，沉滞泥土。仰天怨望，绸缪悲苦，非乐龙伍，惔不眪顾。'文公惊悟，即遣求得于绵山之下。使者奉节迎之，终不肯出。文公令燔山求之，火荧自出。子绥遂抱木而烧死。文公哀之，流涕归，令民五月五日，不得举发火。"为了纪念介子推，晋文公下令把绵山改为"介山"，在山上建立祠堂，并把放火烧山的这一天定为寒食节，晓谕全国，每年这天禁忌烟火，只吃寒食。

五、恶日禁忌说

认为端午节起源于"恶月恶日"（见张心勤《端午节非因屈原考》）。汉代北方古人认为五月五日是"恶月、恶日"，且有"不举五月子"之俗，即五月五日所生的婴儿无论是男或是女都不能抚养成人，一旦抚养则男害父、女害母。甚至出现了"五月到官，至免不迁""五月盖屋，令人头秃"等说法。东汉王充《论衡》对"五月五日生子不举"的解释："夫正月岁始，五月盛阳，子以（此月）生，精炽热烈，厌胜父母，父母不堪，将受其患。"一般认为这一习俗从战国就开始流行。此俗在东汉王充的《论衡》、应劭《风俗通》以及《后汉书》中多有记载，认为五月五日是恶月恶日，因而出现了相关的文化活动，形成了颇有特色的"避五毒""躲端午"等习俗。

第三节　端午节民俗活动

端午节是集祈福辟邪、欢庆娱乐和饮食于一体的民俗大节。端午习俗内容丰富多彩，这些节俗围绕着祭龙、祈福、攘灾等形式展开，寄托了人们迎祥纳福、辟邪除灾的愿望。端午节自古就是食粽与扒龙舟的喜庆日子，端午节时热闹的龙舟表演，欢乐的美食宴会，都是庆贺佳节的体现。

端午习俗主要有扒龙舟、祭龙、采草药、挂艾草与菖蒲、拜神祭祖、洗草药水、打午时水、浸龙舟水、食粽、放纸鸢、睇龙船、拴五色丝线、薰苍术、佩香囊等。端午食粽之习俗，自古以来在中国各地盛行不衰，已成了中华民族影响最大、覆盖面最广的民间饮食习俗之一。端午节期间通过传统民俗活动展演，既能丰富群众精神文化生活，又能很好地传承和弘扬传统文化。

一、挂艾草与菖蒲

在端午节布置种种可驱邪祛病的花草，来源亦久。人们把插艾草和菖蒲作为端午节重要内容之一。如挂艾草于门，《荆楚岁时记》："采艾以为人，悬门户上，以禳毒气。"这是由于艾为重要的药用植物，又可制艾绒治病，灸穴，又可驱虫。五月艾含艾油最多，此时正值艾草生长旺期，所以功效最好，人们也就争相采艾了。

"艾"，又名"家艾""艾蒿"，它的茎、叶都含有挥发性芳香油，所产生的奇特芳香，可驱蚊蝇、虫蚁，净化空气。由于艾草特殊的香味，人们用它来驱病、防蚊、辟邪。菖蒲的叶片也含有挥发性芳香油，是提神通窍、健骨消滞、杀虫灭菌的药物。宗懔的《荆楚岁时记》中曰："鸡未鸣时，采艾似人形者，揽而取之，收以灸病，甚验。是日采艾为人形，悬于户上，可禳毒气。"

粽，即"粽籺"，俗称粽子，主要材料是糯米、馅料，用箬叶（或柊叶）包裹而成，形状多样，有尖角状、四角状等。粽子由来久远，最初是用来祭祀祖先神灵的贡品。传入北方后，用黍米（北方产黍）做粽，称"角黍"。由于各地饮食习惯的不同，粽形成了南北风味；从口味上分，粽子有咸粽和甜粽两大类。端午食粽的风俗，千百年来在中国盛行不衰，已成了中华民族影响最大、覆盖面最广的民间饮食习俗之一，而且流传到朝鲜、日本及东南亚诸国。

二、洗草药水

草药水，即是古籍记载的沐兰汤，端午日洗草药水可治皮肤病、祛邪气。端午日是草木一年中药性最强的一天，端午日遍地皆是药。端午期间，中国不少地方有采草药煮草药水沐浴的习俗，端午草药的药性在其中发挥了至关重要的作用。《岁时广记》卷二十二"采杂药"引《荆楚岁时记》佚文："五月五日，竞采杂药，可治百病。"关于洗草药水习俗的现存文字记载最早见于西汉末的《大戴礼记》中，但文中的"兰"不是兰花，而是菊科的佩兰或草药，有香气，可煎水沐浴。此俗至今尚存，且广泛流行。在广东，儿童用苦草麦药或艾、蒲、凤仙、白玉兰等花草煮水洗，少年、成年男子则到江河、海边冲凉，谓之洗龙舟水，洗去晦气，带来好运。在湖南、广西等地，则用柏叶、大风根、艾草、菖蒲、桃叶等煮成药水洗浴，无论男女老幼，全家都洗。

三、拴五色丝线

中国传统文化中，象征五方五行的五种颜色"青、红、白、黑、黄"被视为吉祥色。端午以五色丝线系臂，曾是很流行的节俗。传到后世，即发展成如长命缕、长命锁、香包等许多种漂亮饰物，制作也日趋精致，成为端午节特有的民间艺品。

在端午节这天，孩子们要在手腕脚腕上系上五色丝线以驱邪。传统之俗，用红绿黄白黑色粗丝线搓成彩色线绳，系在小孩子的手臂或颈项上，自五月五日系起，直至七夕"七娘妈"生日，才解下来连同金楮焚烧。还有一说，在端午节后的第一个雨天，把五彩线剪下来扔在雨中，意味着让河水将瘟疫、疾病冲走，谓之可去邪祟、攘灾异，会带来一年的好运。

第四节　端午节民俗体育活动

端午节是中国民间十分盛行的民俗大节，过端午节，是中华民族的传统习惯，由于地域广大，端午习俗甚多，而且各地在端午节期间举行各类民俗体育活动，形式多样，热闹喜庆。以扒龙舟形式开展祭祀活动是端午节的重要礼俗主题。

我国近现代都有端午节驰马射柳、骑马击球的遗俗。击球是在马上执鞠杖，枝头如偃月形，分两队，和现今的冰球比赛差不多，以射门取胜。射柳与击马球相比，产生的时间早得多。除此两项活动之外，北方少数民族在端午节有的还要进行打猎、登山等活动。胡朴安在《中华全国风俗志》记载了云南彝人"五月五日正午走马，以角力、射柳为节"；徐杰舜，徐桂兰《中国奇风异俗》记录了黔、湘一带的苗族举行传统的赛马、斗牛、踩鼓和"游方"活动。

一、踏百草、斗百草

踏百草亦称"蹋百草","蹋"与"踏"同。《说文解字》解:"蹋,践也。"段玉裁注:"俗作踏。"踏百草为端午节成年男子的一种禳灾方式,旧时汉族岁时风俗,流行于长江以南地区,以湖南为盛。南北朝时已有此俗。南朝梁宗懔《荆楚岁时记》:"五月五日,四民(士农工商)并蹋百草,又有斗百草之戏。"注文云:"踏百草,即今人有斗百草之戏也。"从散见于群书中的《荆楚岁时记》佚文来看,"踏百草"是与"采艾"相联系的一项活动,"斗百草之戏"又是从"踏百草""采艾"的活动发展而来的。如《事物纪原》卷九"斗草"记载:"竞采百药,谓百草以蠲除毒气,故世有斗草之戏。"《政和本草》卷九"艾叶"记载:"端午,四民踏百草,采艾以为人。"

阴历五月,古代俗称恶月,因此月正值夏季,蚊蝇孳生,各种疾病极易流行传染,故早在夏代,就有到郊野山间去采草药以驱疾治病的习俗,《礼记·夏小正》云:"此月(五月)蓄药,以蠲除恶气。"而采草蓄药之际,风和日丽,草木葳蕤,使人倍觉赏心悦目,于是到后来又有了郊游踏青的习俗;在踏青游玩的时候,人们免不了拈花捻草,互相竞斗,斗百草的习俗便逐渐自然地产生了。《乐府诗集·清商曲辞六·江陵乐三》:"阳春二三月,相将蹋百草。"唐宋时的类书《初学记》《太平御览》等引此段文字,于"又有斗百草之戏"之前均有"今人"两字,可见"斗百草之戏"的产生应稍晚于"蹋百草"。"斗草"习俗一经形成,从隋唐以后便迅速地流行起来,历经各个时期而不衰,且在形式上有所发展和变化。据《隋书·音乐志下》记载,隋炀帝不解音律,但"大制艳篇",令乐正白明达"造新声",其中有藏钩乐、投壶乐、七夕相逢乐及斗鸡子、斗百草等新曲,从这些乐曲的名目上看,当时都是在进行藏钩、投壶、斗百草等民俗游艺活动时所奏的乐曲;另外,隋炀帝自己也曾写有"踏青斗草事青春"的诗句。

唐宋时的不少诗词作品中都提到这种"斗草"游戏,如唐代杜牧《代人作》:"斗草怜香蕙,簪花间雪梅",白居易《观儿戏诗》:"弄尘复斗草,尽日乐嬉嬉",宋代范成大《春日田园杂兴》:"青枝满地花狼藉,知是儿孙斗草来",吴文英《祝英台近·春日客龟溪游废园》词:"斗草溪根,沙印小莲步"。

"斗草"之戏的具体斗法,是由相斗之双方,各持一草在手,然后使两草成十字相交状,两人用力一拉,以草不断者为胜,断者为负。这种斗法虽然在较早的典籍中缺乏详明的记载,但我们从上引的"弄尘复斗草,尽日乐嬉嬉""青枝满地花狼藉,知是儿孙斗草来"等诗句来看,可以断定所描写的正是这种斗法。至清代还有此俗。康熙十三年(1674年)湖南营田《李氏族谱》:"端午日晨,田夫赤足于草中行,尽沾露水,谓蹋百草露水,以祛泥中湿热之气,去夏秋痈痛之苦。"每年夏历五月初五日早晨,人们赤足或者穿新布鞋,在有露水的草丛中行走,直至足部沾满露水为止。俗信端午日露水有祛毒祛湿热的作用。

可见,"百草"与"斗草"一类的郊游联欢和体育活动,并不是"采艾"等采药活动的衍生事项，而是有着极其悠久的传承渊源。部分少数民族进行的走马、角力、射柳活动也不是"斗草"之戏的变异，而是与"斗草"之戏不同的传承渊源的、平行的节俗内容。

清代宫廷画家金廷标曾作有《群婴斗草图》（图7-3），对这种斗法有极细致而生动的描绘。画中共有十个男孩，其中有弯腰找草的，有伸手拔草的，有捧了一兜草匆匆赶来相斗的，有两人正在用力拉扯的，也有酣斗暂休、几个孩子围着满地狼藉的残枝，正在拿草欲续斗的。全图描绘了找草、拔草、运草、斗草等全过程，同时也真实地表现了儿童们节日斗草的欢快气氛。现在，"斗草"已经由妇女儿童在花间草边的充满野趣的游戏演变成文人们酒筵上的"雅玩"了。

图7-3 （清）金廷标 《群婴斗草图》

二、端午射柳

端午射柳，是古代北方民族端午节的一项竞技运动。辽、金、清各朝历史上都有端午节契丹族、女真族和以后的八旗将士驰马射柳、打马球的竞技遗俗。驰马射柳，在端午节清晨举行，《金史·礼志》载："金因辽俗，重五日插柳去地约数寸，削其皮而白之。先以一人驰马前导，后驰马以无羽横簇箭射之。既断柳，又以手接而驰去者为上，断而不能接去者次之，每射必发鼓以助其气"。描述了射柳的方法和名词判断方法：断柳用手接而驰去者为上，断柳不能接者为次；只断青处或只中不断或不中者都为负。用这种军事竞技过节，成为俗例，一直到清代，过端午节时，各地武弁、军校还都沿袭金俗，举行射柳活动。

历史上，匈奴、鲜卑有蹛林习俗，射柳有源于鲜卑族秋祭时驰马绕柳枝三周仪式的传说。中原自古有射礼，在场上插柳，驰马射之，中者为胜。也有说法，称射柳活动最初是作为一种萨满黑巫术在契丹产生，因为柳是女真祖先保护神的象征，契丹人希望通过这种巫术的举行，射死女真人的始母神，使女真失去神灵的佑护，以巩固契丹对女真的统治。

宋代程大昌编撰的《演繁露·蹛柳》描绘了宋时射柳状况："壬辰三月三日，在金陵预阅李显忠马司兵，最后折柳插球场，军士驰马射之。"

元代的射柳活动也非常热闹，熊梦祥在《析津志》中记载元军射柳："前列三军，旗帜森然。武职者咸令靳柳，以柳条去青一尺，插入土中五寸，仍各以手帕系于柳上，自记其仪，有引马者先走，万户引弓随之，乃开弓靳柳，断其白者，则击锣鼓为胜……此武将耀武之艺也。"

明代的杨慎和张岱对"射柳"均有记载："军中以端午走马，谓之躤柳。"（杨慎《艺林伐山·躤柳》）；"五月五日，士人于郊野或演武场走马较射，谓之躤柳。"（张岱《夜航船》）。

清代的潘荣陛在《帝京岁时纪胜》中记载："帝京午节，极胜游览，或南顶城隍庙游回，或午后家宴毕，仍修射柳故事，干天坛长垣之下，聘骑走绑。"显示当时射柳游戏的热闹景象。射柳作为端午节期间的重要节俗活动，一直延续到清代中期，乾隆皇帝也留下过参加射柳的相关记录。

到了清朝后期，端午节射柳活动迅速衰落，在清末民国时期，端午节已经很少有人再玩射柳游戏了。其中的原因很多，最重要的一点就是，在清朝中后期，虽然当时清军的装备世界范围内已经逐步落后，但是在其内部，弓箭在军队中的地位也同样受到火器的强有力冲击，这导致以军事活动为基础的射柳活动随之失去了最大的活动人群。而且，任何一个封建王朝到了中期以后，都有尚武习俗锐减的颓势，清王朝也是如此：曾经悍勇的八旗战士迅速蜕变为提笼架鸟的八旗子弟。没有尚武风尚的指引，端午节射柳活动也从此一落千丈。已经持续了近800年之久的端午节射柳习俗，终于走到了终点。

三、龙舟竞渡

龙舟竞渡又称"赛龙舟""划龙船""龙船赛会"等，是一项源远流长的群众性体育娱乐活动，是在端午节中最富有节庆和联欢气氛的集体体育竞技活动。在我国的大部分地区都有在端午节举行龙舟竞渡的习俗。在每年的农历五月初五，世界各地的华人都要进行龙舟竞渡，饱含了对民族先贤、英雄人物的崇敬与悼念，体现了同舟共济、团结拼搏的精神，展现出中华民族的精神风貌和文化传统。

（一）龙舟的起源

龙舟文化在我国有着悠久的历史，记载龙舟竞渡的史料也相当地丰富。关于古代龙舟的记载最早的文献史料是《穆天子传》："癸亥，天子乘鸟舟、龙舟浮于大沼。"在《楚辞·九歌》中也有相关记载，由此可见在战国时期就已经有龙舟了。到了两汉、魏晋南北朝时关于龙舟记载的文献很多。西汉刘安《淮南子·本经训》记载："龙舟鹢首，浮吹以娱，此遁于水也。"关于竞渡的记载最早的史料应该是西晋周处的《风土记》："仲夏，端午，……踏百草，竞渡。"后至南朝梁代宗懔撰写的《荆楚岁时记》："五月五日竞渡，俗为屈原投汨罗日，伤其死，故命舟楫以拯之……州将及士人悉临水而观之。"到了唐代及唐代以后有关龙舟竞渡的记载更为丰富，其中最为详尽的则是明代杨嗣昌《武陵竞渡略》，它对竞渡的渊源与时间、龙舟的形制与选材、竞渡的礼仪、斗溺之事等都作了非常详细的描述。南起珠江、闽江，北到黄河流域，人们到处可以看到龙舟戏水的热闹场景。

在我国南方各地都有龙舟竞渡的习俗，据考证，这一习俗在我国15个省、区流行，有12个省的227种方志中有龙舟竞渡的记载。❶关于龙舟竞渡的源起一直都有争议，关于龙舟竞渡的起源有以下几种说法。

1.纪念楚大夫屈原

拯救或凭吊屈原的这种说法普遍被接受，也是流传最广的版本。南朝梁代吴均撰写的《续齐谐记》载："楚大夫屈原遭谗不用，是日投汨罗江死，楚人哀之，乃以舟楫拯救。端阳竞渡，乃遗俗也。"

2.纪念越王勾践

这一传说是为了纪念卧薪尝胆，打败吴国的越王勾践。"越地传云，竞渡之事起于越王勾践，今龙舟是也"（《事物原始·端阳》引《越地传》）。勾践卧薪尝胆，立志雪耻，终于在数年后，一举消灭吴国。后人效仿越国水师演练时的情景，于五月五日这一天划船竞渡，以示纪念。

3.纪念伍子胥和曹娥

此类说法是龙舟竞渡始于春秋时代的伍子胥，传说伍子胥因遭谗言诽谤，被吴王夫差命人抛于钱塘江中，曹娥驾舟去救。"五月五日，时迎伍君，逆涛而上，为水所淹"（《曹娥碑》）。后人据此划龙舟，模仿拯救伍子胥的情形。

4.吴越先民图腾祭

对于龙舟竞渡的起源，著名爱国学者闻一多先生在他的《端午考》《端节的历史教育》中引用了大量的文献资料对龙舟竞渡的起源进行了考证，认为"端午节本来就是吴越民族进行图腾祭祀的日子，而赛龙舟便是祭祀中半宗教半娱乐性的节日"。四五千年前，居住水乡的人们，经常受到水患等无法抗拒自然灾害，他们尊奉想象中的具有威力的龙作为自己的祖先和保护神，也就是图腾。他们把船造成龙形，刻画上龙的图案，在端午节这天进行龙舟竞赛，以示对龙的崇敬，也说明自己是龙的子孙。由于后来纪念屈原的日子与此偶合，这些习俗被巧妙地转化为纪念屈原的传统方式。闻一多先生的这种说法被学术界普遍接受和征引。

（二）龙舟竞渡承载的文化内涵

龙舟竞渡的内涵随着时代的发展而不同：战国以前的龙舟竞渡，带有鲜明的图腾、宗教和祭祀的色彩，划龙舟是图腾祭的一种仪典。战国之后龙舟竞渡以宣扬忠君爱国为这项活动

---

❶ 任海.中国古代体育[M].北京：中国国际广播出版社，2011：136.

的主旋律，而后逐渐融入娱乐性和民俗性；汉魏以后龙舟竞渡在民间日益流行，隋唐时龙舟竞渡的时间逐步趋于统一。到宋代，龙舟竞渡时开始呈演百戏，并出现龙舟花样表演。随着时间的推移，龙舟竞渡的神性逐渐减弱，娱人性日益突出。

1. 图腾崇拜，祈求保佑

龙舟及其竞渡，实际上是蒙昧时期图腾崇拜的遗俗。从原始时代开始，人类便以某种动物、植物或无生命物为对象，或是单一或是组合的方式，视为本族群的图腾，并将图腾作为本种族的象征。古人认为图腾可给予族群力量、勇气和技能，也由此产生了种种图腾文化。我国祖先将龙视为雷雨之神，控制着雨水的供应，对于以农为主的农耕民族来说，雨水是主要的命脉，当然对掌管它的神敬畏有加。古籍曾记载"鲧死……化为黄龙，是用出禹"，表明我国至迟在夏代，人们就认定其祖先鲧、禹都是崇龙的。《括地志》载："禹平天下，二龙降水，禹御龙行域外，即周而还。"说明远古先民从精神上依附于龙图腾的神灵，祈求保佑，赐予风调雨顺，五谷丰登。在我国古代南方，古越族人自认是大禹的嫡系子孙，渔猎为生，"断发纹身，以象龙子。"

闻一多先生在他的《端午考》《端节的历史教育》中引用了大量的文献资料对龙舟竞渡的起源进行了考证，认为"龙舟竞渡应该是史前图腾社会的遗俗。"楚、越诸族均以渔猎为生，很早就会制舟和驾舟，由于当时的社会经济的发展状况、生产力的发展水平，原始渔猎和农业常常受灾害性天气影响颗粒无收，甚至船毁人亡。面对不可抗御的自然力，人们在祭祀龙图腾的节日里，用饰龙的独木舟竞渡来敬奉娱神明（龙），以祈求上天庇佑，风调雨顺，去凶消灾。人们在赛龙舟时要祭龙，一方面把裹好的粽子投进水里给龙吃，古人认为龙多居住在水中；另一方面，各比赛队还要设香案，设美酒犒劳下江祭龙者及比赛队员。另外，龙舟竞渡前，还要举行一系列的仪式，先要请龙、祭神，不同地域和民族有着各自不同的程序和礼仪，如广东南海龙舟，在端午前要将埋在水下的龙舟起出，祭过在南海神庙中的南海神后，方能安上龙头、龙尾，再准备竞渡。

2. 纪念先贤，宣扬忠孝爱国思想

关于龙舟竞渡的起源在不同地域和历史阶段有着不同的纪念意义。在江浙吴越故地是为了纪念被谗言陷害的伍子胥，以及卧薪尝胆，苦练水军的越王勾践；绍兴则是为纪念曹娥殉父的孝节；荆楚地区的"竞渡"是为了纪念三闾大夫屈原。伍子胥的忠诚、勾践的奋斗精神、曹娥的孝顺、屈原的爱国忧民，历来都是为人们所称颂的。概括来讲，赛龙舟是为纪念屈原的传说是占据主流的，在我国数千年的历史中，是上自宫苑君王，下至乡野百姓，一致公认的崇高道德典范，也体现了人们对爱国者、孝贤、勇士的敬仰，对民族英雄人物的崇敬与悼念。在爱国忧民的前提下寄希望于君王的忠臣形象也符合了统治者的心态，在封建权力话语系统和民众话语系统中都占据着显著的地位，特别是到了北宋末年，由于国势大衰，宫廷想利用龙舟竞渡，宣扬忠君爱国思想，振奋国人的精神，纪念屈原的说法得到进一步的加强。另一方面也体现了统治者祈求龙神保佑，国泰民安和民族繁荣昌盛的愿望。

3. 民俗娱乐，游戏竞技

龙舟竞渡在长期的演变发展过程中，龙舟竞渡的内涵也有了新的变化，由以前带有鲜明的图腾、宗教和祭祀的色彩的龙舟竞渡，在战国之后逐渐融入了娱乐的民俗因素，汉魏以后龙舟竞渡在民间就日益流行了，《淮南子·本经训》"龙舟鹢首，浮吹以娱"，描写的是划着龙船、摇船在水上奏乐、游玩的情景，是一种游船竞渡。到了隋唐时期，龙舟竞渡的时间逐步趋于统一，端午节龙舟竞渡已转化为纯粹娱乐性质的节俗了。《隋书》里有这样的描述："迅楫齐驰，棹歌乱响，喧振水陆，观者如云。"唐代诗人张建封所作《竞渡歌》中有生动的描述："五月五日天晴明，杨花绕江啼晓莺。使君未出郡斋外，江上早闻齐和声。使君出时皆有准，马前已被红旗引。两岸罗衣破晕香，银钗照日如霜刃。鼓声三下红旗开，两龙跃出浮水来。棹影斡波飞万剑，鼓声劈浪鸣千雷。鼓声渐急标将近，两龙望标目如瞬……只将输赢分罚赏，两岸十舟五往来。须臾戏罢各东西，竞脱文身请书上……"至五代，龙舟竞渡之风非常盛行，不但民间组织，官方也大力提倡。当时，各郡、县、村社每年都组织龙舟竞渡活动。一到端午日，官府即赐给竞渡组织者绸缎，并为龙舟比赛设置锦标，就是在终点竖一竹竿，竿头上悬锦彩，竞渡优胜者夺到锦彩就称为夺标。而这种夺标赛就是以后体育比赛中"锦标"的由来。到了宋代，举行竞渡的时间也不再限于端阳节，而且娱乐之风也越来越盛行。《东京梦华录》卷七记载有北宋皇帝于临水殿看金明池内龙舟竞渡之事。《梦粱录》描述了南宋杭州"龙舟六只，戏于湖中"。明清以来，除局部地区还保留龙舟竞渡之驱疫、拜祀之本意外，苏、杭、扬州等地的端午龙舟，大都装饰华丽、造型别致、装饰新奇巧妙。而且龙舟之上还有戏曲、杂技等节目演出，以吸引民众，造成热烈气氛。有"独占鳌头""红孩儿拜观音""指日高升""杨妃春睡"诸戏（《扬州画舫录》）。我们可以清楚地看出龙舟竞渡融入的游戏、嬉戏成分越来越多。

龙舟竞渡由图腾、宗教和祭祀向娱乐、游戏的转变，归因于人们了解自然界知识的增多，经常与水接触的南方古人慢慢地有了避免水害的办法。他们渐渐从对图腾龙的惊恐与崇拜中摆脱出来，于是龙舟竞渡宗教性祭祀的成分也渐渐地减弱，甚至消失，而成为纯娱乐性的节俗活动。龙舟竞渡成为端午节主要的娱乐节俗活动，竞渡本身所潜在的游戏性质也便与节俗紧密结合起来，随着时间的推移，最终导致端午节及其中的节俗活动向娱乐喜庆的主调演变过渡，并使端午节成为一个综合性节日。

（三）南粤龙舟竞渡

南粤，广东别称。南粤龙舟竞渡活动历史悠久，活动的相关习俗丰富多彩，且保留完整，故就南粤龙舟的历史、发展、民俗特点和过程专门描述。

1. 南粤龙舟历史概貌

南粤广东地处东南沿海，五岭以南，正是古代越人聚居之地，称为"百越"或"百粤"。

大约在新石器时代,越人就生活在那里。大多数地区水网资源丰富,南粤先人伴水而居,多以舟楫为家,经常与水打交道,靠水而生。这必然成为龙舟竞渡的兴盛先决条件。由于南岭地区河流众多,水网交错,古越人便"水行而山处,以船为车,以楫为马,往若飘风,去则难从。"因此他们早就会造舟,而且能熟练地驾驶舟船。

在广东龙舟竞渡又称"扒龙船""赛龙舟""划龙船"等。《汉书·地理志》载:"(越人)常在水中,故断其发,文其身,以像龙子,故不见伤害也。"可见,龙是古越人的图腾。他们崇龙、敬龙,龙是他们生活的主宰,拥有绝对的权力和威严。龙图腾崇拜加上"以舟为车"的生活活动衍生出龙舟。人们认为五月五日是龙的生日,每年的这一天越人划龙舟祭龙,以求龙神保佑。随时间的推移,划龙舟由简单的祭龙含义演变为既娱神又娱己的活动。

南粤龙舟竞渡最早的文献记载当属唐太宗第八子李贞的《峡山观竞渡》:"峡山晴带霞,峡水倒榴花。芳沚停千舫,寒潭浸几家。飞舟海客度,急鼓醉人挝。何处来神女,凌波出水涯。"诗中描写了李贞在东莞峡山观竞渡的情形。唐代番禺的李昂英的一首词《水龙吟·观竞渡》载:"碧潭新涨浮花,柳阴稠绿波痕腻。一声雷鼓,半空雪浪,双龙惊起。气压鲸鲵,怒掀鳞银,擎开烟水。算战争蛮触,雌雄汉楚,总皆一场如此。点额许教借一,得头筹,欢呼震地。翻嗤浮世,要津搀进,奔波逐利。斗了还休,传渠衔寄,三闾角黍。会风云,快出为霖,可但领明珠睡。"为我们描述了当时龙舟竞渡的盛况。

南宋时期,广东已经有了民间大型竞渡的场面了。文天祥的《元夕》,描述了当时南海县在正月十五日进行龙舟大竞渡的情景:"南海观元夕,兹游古未曾。人间大竞渡,水上小烧灯。"

明代《天山草堂集》对广东龙舟竞渡做了详细的记载:"粤人习海,竞渡角胜,而大舟比常制犹异,十余年始一举。船广可三丈,长五之。龙首至尾,金光夺目,迭彩如层楼。上饰童男女,作仙佛鬼神及古英雄,凡数十事。旋转舞蹈,冒之以幔,数里外望犹可见。两旁持楫应鼓者百夫,银帽红衫,铙吹沸作。"可见当时的盛况。

南粤大地特别是以珠三角地区的龙舟赛规模之大,持续时间之长花样之多,竞争程度之激烈,以及观看热闹的盛况,是其他地方所罕见。明清时期是古代岭南龙舟竞渡的鼎盛时期,有关龙舟竞渡的文字记载更多,几乎岭南水乡地区的县志均有记载。《顺德县志》记载:"端午斗龙船,村村皆然""惟大舟龙船高大如海舶……"《三水县志》记载:"龙舟竞戏,好事者插花红,先者得之,谓之'夺锦'"。旧时往往为夺标引起宗族械斗,诉诸官府。《增城县志》有这样的描述:"入五月,则滨江村乡多备龙舟,以端午前后数日竞渡于证果宾公佛寺前江水中,好事者悬锦标、酒食以尚。胜者沿岸招展,甚有可观。然亦时闻酿斗遭溺之事,有司禁制,终不能止"。说明了广东各地对龙舟竞渡的狂热。广州广为传唱的儿歌"五月五,是端阳。门插艾,香满堂。吃粽子,洒白糖。龙舟下水喜洋洋。"足见人们对龙舟活动的青睐。激励人心的广东音乐《赛龙夺锦》正是在龙舟竞渡特定的背景下创作出来的。

清末民初,每年端午节期间,广州市郊各乡和番禺、增城等县,都会派龙舟队到广州,参加竞赛表演。

民国时期，随着现代体育项目的引进，南粤地区龙舟竞渡开始向体育化过渡，许多地方均由县府主持比赛。广州的龙舟竞渡多在东山水上体育会或西郊荔枝湾举行。民国16年（1927年6月6日）的《民国日报》上载有一首《广州端午风俗歌》："初五日，是端阳，朱砂黄纸写符章，香包挂在襟头上，绸裤纱衫好在行。睇见龙船长十丈，锦标罗伞甚辉煌，鼓声震动冲波浪，水色娇娇艇内装。紫洞船头绷布帐，游河公子坐船舱。渡头挤拥人来往，热闹奢华又一场。"把当日广州端午节的风俗、习惯、人情、世故，都描绘出来了。

中华人民共和国成立，党和政府十分重视体育活动，龙舟活动作为一项民众喜闻乐见的体育活动，得到继续发展。到改革开放时期，岭南龙舟竞渡活动重新得以兴起，特别是党的十一届三中全会后，随着生产的发展和人民生活水平的提高，龙舟竞渡有了飞速的发展。广东各地相继成立了龙舟协会，成立了他们自己的龙舟队。龙舟竞渡逐渐制度化、规范化。龙舟赛的规模越来越大，形式越来越多（图7-4），除了男子比赛外，女子也积极参与其中，打破了旧的传统观念，树立了精神文明新风貌。

图7-4　端午赛龙舟

2.南粤龙舟竞渡的特点与习俗

龙舟活动不但历史悠久，而且形式五花八门，瑰丽多姿。在整个龙舟文化中，龙舟活动有着固定的仪式，龙舟赛及相关的一系列活动都包含了人们的情感体验和宗族精神。

（1）起龙与采青。一般在农历四月初八举行起龙仪式，即将埋在河道泥底的龙舟挖出来。龙舟多以柚木、坤甸木制成，木质坚韧耐腐蚀，为长期保存龙舟，每次赛完龙舟后都要用水和泥把它盖起来。人们认为龙舟是有龙神的，每年按习俗都要进行祭拜仪式。"四月八，龙舟到处挖"，以往人们在农历四月八日把深埋河底或池塘里的龙舟挖出，洗净、风干，然后择吉日"起龙"，将船头船尾披红挂彩，擂鼓放鞭炮，洒上净水后，龙舟方可下水。龙舟下水后进行"采青",将龙舟划到村外河边或河涌边,采一些菖蒲或谷穗等青绿植物挂在龙船头上。龙船采青时只能打暗鼓,即用鼓槌敲鼓边,等采青上船后,才能打明鼓,放鞭炮,龙船在涌边游弋热闹一番,采青仪式即告完成。

(2)龙舟景。龙舟景就是按照自然地域、潮汐而约定俗成在某月某日进行龙舟竞赛或者相互探访,能让众多龙舟聚集的地方称为"景"。在龙舟景之前,村长、族长或德高望重的长者会将请帖发至各村,约定日划着龙舟前来走亲戚,这叫"招景"或"邀景"。受邀的村庄会划着龙舟敲着锣鼓到各兄弟村去"趁景",和亲戚朋友叙叙旧,热闹一番,以增强彼此间的感情和交流。龙舟景一般会从五月初一一直持续到五月初五端午节这天。"趁景"算是龙舟赛前的热身,在集中的地点龙舟进行"应景"表演,在东莞,初一万江景、初二中堂景、初三道滘景……,直至二十麻涌景方告一段落。选景一般到选江河面开阔处,可以容纳会景的龙舟多达百余只。珠三角最负盛名的龙船景是广州郊区增城的新塘景。前来"趁景"的龙舟,都会和其他村的兄弟们比划一下,以制造气氛,虽不是正式比赛,但桡手都热情高涨,一板一桡整齐有力,鼓声、鞭炮声、吆喝声糅合在一起,热闹非凡。

"趁景"之后,才开始"斗标"。过去"斗标"规程相当复杂,如顺德龙江斗龙舟,初场,两船相斗,赢者得一胜标。次日,以初场获三场胜标者再赛。再过一日,以获五场胜标者再斗标,这样一连好几天才能排定名次。较大规模的龙舟赛也有集中在一起,号令一响,百舸争流,观者人山人海,场面之大,人数之多是其他文体活动所不能比拟的。

(3)龙舟饭。龙舟相斗是力量速度的比赛,而吃龙舟饭则体现了睦邻和谐相亲。当龙舟鼓响之时,村民可以在祠堂或村广场免费吃龙舟饭,吃风味饭菜意在增强团结友爱与祥和欢乐的气氛。在广州荔湾的泮塘在泮塘景日要坐庄迎候南海盐步、芳村坑口、番禺植村及花都等地的十余条龙舟,龙舟饭筵开百席,款待上千桡手和宾客,翌日泮塘人至盐步回访(图7-5)。

图7-5 吃龙舟饭

第八章
中秋节民俗体育

农历八月十五日，是中国民间传统节日——中秋节。中秋节，又称祭月节、月光诞、月夕、秋节、中秋节、拜月节、月娘节、月亮节、团圆节等，中秋节以月之圆兆人之团圆，寄托思念故乡、思念亲人之情，祈盼丰收、幸福，成为丰富多彩、弥足珍贵的文化遗产。

第一节　中秋节概说

在二十四节气的秋分时节，是古老的"祭月节"。在古代农耕社会，古人认为月亮的运行同农业生产和季节变化有很大关系，因此祭月就成了一项重要祭祀活动。中秋节源自天象崇拜，由上古时代秋夕祭月演变而来，《礼记·祭法》中就有"夜明，祭月也"的记述。

中秋节普及于汉代，汉代是中国南北各地的经济文化交流融合时期，各地文化上的交流使节俗融合传播。

"中秋"一词现存文字记载最早见于汉代文献，成书于两汉之间的《周礼》，先秦已有"中秋夜迎寒""中秋献良裘""秋分夕月（拜月）"的活动。据记载，在汉代时，有在中秋或立秋之日敬老、养老，赐以雄粗饼的活动。晋时亦有出现中秋赏月之举的文字记载，不过不太普遍。晋之前中秋节在中国北方地区还不流行。

唐代时中秋风俗在中国北方地区已流行。唐代中秋节成为官方认定的全国性节日，唐代也是传统节日习俗糅合定型的重要时期，其主体部分传承至今。《唐书·太宗记》记载有"八月十五中秋节"。中秋赏月风俗在唐代的长安一带极盛，许多诗人的名篇中都有咏月的诗句。人们将中秋与嫦娥奔月、吴刚伐桂、玉兔捣药、杨贵妃变月神、唐明皇游月宫等神话故事结合起，使之充满浪漫色彩，玩月之风方才大兴。

北宋时期，正式定阴历八月十五为"中秋节"。文学作品中出现了"小饼如嚼月，中有酥和饴"的节令食品。孟元老在《东京梦华录》中说："中秋夜，贵家结饰台榭，民间争占酒楼玩月"；而且"丝篁鼎沸，近内延居民，深夜逢闻笙芋之声，宛如云外。间里儿童，连宵嬉戏；夜市骈阗，至于通晓"。

明清时期，岁时节日中世俗的情趣愈益浓厚。明清两朝的赏月活动，"其祭果饼必圆"，各家都要设"月光位"，在月出方向"向月供而拜"。陆启泓《北京岁华记》载："中秋夜，人家各置月宫符象，符上兔如人立；陈瓜果于庭，饼面绘月宫蟾兔；男女肃拜烧香，旦而焚之。"《帝京景物略》中也说："八月十五祭月，其饼必圆，分瓜必牙错，瓣刻如莲花。……其有妇归宁者，是日必返夫家，曰团圆节也。"

发展至今，吃月饼已经是中国南北各地过中秋节的必备习俗。月饼象征着大团圆，人们把它当作节日食品，用它祭月、赠送亲友。除月饼外，各种时令鲜果干果也是中秋夜的美食。中秋节时，云稀雾少，月光皎洁明亮，民间有赏月、祭月、吃月饼、吃甜薯、提灯笼、舞草龙、树中秋、砌宝塔等一系列的节庆活动。

第二节　中秋节源起与传说

中秋节是秋季时令习俗的综合，其所包含的节俗因素，大都有古老的渊源。在传统文化中，祭月作为民间过节的重要礼俗之一，逐渐演化为赏月、颂月等活动。

关于中秋节，民间有着不同版本的美丽传说。

一、嫦娥奔月说

相传后羿射日造福百姓，除传艺狩猎外，还收了慕名前来投师学艺的徒弟，其中一个心术不正的徒弟蓬蒙也混了进来。

后来后羿到昆仑山访友求道，向王母求得一包不死药。据说，服下此药，能即刻升天成仙。后羿暂时把不死药交给嫦娥珍藏。一天，蓬蒙趁后羿外出时率众人威逼嫦娥交出不死药。嫦娥危急之时便吞下不死药飞到月亮上成了仙。

后羿回到家得知此事悲痛欲绝，仰望着夜空呼唤嫦娥，他发现月亮中的身影酷似嫦娥。后羿便派人摆上香案，遥祭在月宫里的嫦娥。百姓们闻知，纷纷在月下摆设香案，向善良的嫦娥祈求吉祥平安。从此，中秋节拜月的风俗在民间传开了。

二、吴刚斫桂说

相传月宫里有一个人叫吴刚，是汉朝西河人，曾跟随仙人修道，到了天界，但是他犯了错误，仙人便把他贬谪到月宫，每天都砍伐月宫前的桂树，以示惩处。这棵桂树生长繁茂，有五百多丈高，每次砍下去之后，被砍的地方又会立即合拢。李白在《赠崔司户文昆季》一诗中写道："欲斫月中桂，持为寒者薪"。

三、玉兔捣药说

嫦娥身边有只玉兔。据说嫦娥吞药身体变轻，开始升空时，惶恐中抱起了一直喂养的白兔。白兔便随她一起上了月亮。玉兔在月宫有一只捣药杵，夜晚在药臼中捣制长生不老的灵药。这个神话传到日本后，变成了玉兔在捣年糕。

四、玄宗谱曲说

相传唐玄宗与申天师及道士鸿都中秋望月,突然玄宗兴起游月宫之念,于是天师作法,三人一起步上青云,漫游月宫。但宫前有守卫森严,无法进入,只能在外俯瞰长安皇城。在此之际,忽闻仙声阵阵,唐玄宗素来熟通音律,于是默记心中。这正是"此曲只应天上有,人间能得几回闻!"日后玄宗回忆月宫仙娥的音乐歌声,自己谱曲编舞,创作了历史上有名的"霓裳羽衣曲"。

五、吃月饼起义说

中秋节吃月饼的习俗相传始于元代。当时,中原广大人民不堪忍受元朝统治阶级的残酷统治,纷纷起义抗元。朱元璋准备联合各路反抗力量起义,但朝廷官兵搜查得十分严密,传递消息十分困难。军师刘伯温便想出一计策,命令属下把藏有"八月十五夜起义"的纸条藏入饼子里面,再派人分头传送到各地起义军中,通知他们在八月十五日晚上起义响应。到了起义的那天,各路义军一齐响应。很快,徐达就攻下了元大都,起义成功了。消息传来,朱元璋高兴地连忙传下口谕,在即将来临的中秋节,让全体将士与民同乐,并将当年起兵时用以秘密传递信息的"月饼",作为节令糕点赏赐群臣。此后,"月饼"制作越发精细,品种更多。之后中秋节吃月饼的习俗便在民间流传开来。

第三节　中秋节民俗活动

我国地域辽阔,民族众多,中秋节的习俗活动内容众多,一些地方还形成了很多特殊的中秋习俗。除了赏月、祭月、吃月饼外,还有香港的舞火龙、安徽的堆宝塔、广州的树中秋、晋江的烧塔仔、苏州石湖看串月、傣族的拜月、苗族的跳月、侗族的偷月亮菜、高山族的托球舞等多样化的内容和形式。朝鲜族则是敲长鼓、吹洞箫,一起合跳《农家乐舞》。

一、祭月赏月

祭月(拜月),在中国是一种十分古老的习俗,是古人对"月神"的一种崇拜活动。在古代有"秋暮夕月"的习俗。夕月,即拜祭月神。自古以来,在广东部分地区,人们都有在中秋晚上拜祭月神(拜月娘、拜月光)的习俗。拜月,设大香案,摆上月饼、西瓜、苹果、红枣、李子、葡萄等祭品。在月下，将"月神"牌位放在月亮的那个方向，红烛高燃，全家人依次拜祭月亮，祈求福佑。祭月赏月，托月追思，表达了人们的美好祝愿。祭月作为中秋节重要的祭礼之一，从古代延续至今，逐渐演化为民间的赏月、颂月活动，同时也成为现代人渴望团聚、寄托对生活美好愿望的主要形态。中秋赏月的风俗在唐代极盛，宋、明、清宫廷和民间拜月赏月的活动更具规模。《东京梦华录》对北宋都城汴京的赏月盛况有这样的描写："中秋夕，贵家结饰台榭，民家争占酒楼，玩月笙歌，远闻千里，嬉我连坐至晓。"《梦粱录》则描绘了南宋杭州的中秋赏月情景："此际金风荐爽，玉露生凉，月桂香飘，银蟾光满。王孙公子，富家巨室，莫不登危楼，临轩玩月，或开广榭、玳筵罗列，琴瑟铿锵，酌酒高歌，以卜竟夕之欢。"苏轼著名的《水调歌头·明月几时有》表达了中秋月圆之夜对亲人思念和美好祝愿，"但愿人长久，千里共婵娟"更是成为千古名句。月亮也成为众多画家笔下的寄托，蕴含了画家的思想和情感（图8-1）。

图 8-1 （五代·南唐）周文矩《嫦娥游园图》

二、吃月饼

月饼，又叫月团、丰收饼、宫饼、团圆饼等，是古代中秋祭拜月神的供品。月饼最初是用来祭奉月神的供品，后来人们逐渐把中秋赏月与品尝月饼，作为家人团圆的一大象征。月饼象征着大团圆，人们把它当作节日食品，用它祭月、赠送亲友。发展至今，吃月饼已经是中国南北各地过中秋节的必备习俗，中秋节这天人们都要吃月饼以示"团圆"。

月饼在我国有着悠久的历史。据史料记载，早在殷、周时期，江、浙一带就有一种纪念太师闻仲的边薄心厚的"太师饼"，此乃我国月饼的"始祖"。汉代张骞出使西域时，引进芝麻、胡桃，为月饼的制作增添了辅料，这时便出现了以胡桃仁为馅的圆形饼，名曰"胡饼"。唐代，民间已有从事生产的饼师，京城长安也开始出现糕饼铺。据说，有一年中秋之夜，唐玄宗和杨贵妃赏月吃胡饼时，唐玄宗嫌"胡饼"名字不好听，杨贵妃仰望皎洁的明月，心潮澎湃，随口而出"月饼"，月饼的名称便在民间逐渐流传开来。宋代月饼又有了"荷叶""金花""芙蓉"等雅称。宋以后，制作月饼不仅讲究味道，而且在月饼上设计了各种各样与月宫传说有关的图案。明代田汝成所著，记述杭州一带风俗的《西湖游览志》载："八月十五日，谓之中秋。民间以月饼相遗，取团圆之义。"清末富察敦崇所著《燕京岁时记》曾记载了北京的月饼："中秋月饼以前门致美斋者为京都第一，他处不足食也。至供月月饼到处皆有。大则尺余，上绘月宫蟾兔之形。有祭毕而食者，有留至除夕而食者，谓之团圆饼。"

三、赏月猜谜

中秋节猜灯谜的习俗在我国源远流长，至今已有三千多年的历史。春秋战国时期就出现了"隐语"，这是灯谜的雏形。到了汉代"隐语"开始分化为两个方向。一类以描写特征为主的事物谜；另一类以文字形义为主的文义谜。到了魏代，则称为"谜语"。隋唐时期随着诗歌的兴盛，诗谜大量出现，并成为主流。从宋代开始，一些文人学士常在元宵、中秋之夜，将谜条张贴在各种花灯之上，吸引行人猜射，"灯谜"就是这样而来的。清中叶以后，谜风大盛，涌现了许多谜师。辛亥革命后，灯谜形成了南宗北派两种风格，到了旧社会，由于谜家大都是士大夫阶层，有些文人自命清高，片面强调风雅，排斥民间灯谜。新中国成立后，在党的"百花齐放"的文艺方针指引下，灯谜活动更加蓬勃发展，内容日益完善丰富，丰富了为建设社会主义精神文明内容，活跃群众文化生活。目前，世界各地的华人华侨都参与灯谜活动及灯谜学术交流。

四、燃灯

中秋之夜，有燃灯以助月色的风俗。如今湖广一带有用瓦片叠塔于塔上燃灯的节俗。江南一带则有制灯船的节俗。近代中秋燃灯之俗更盛。今人周云锦、何湘妃《闲情试说时节事》一文说："广东张灯最盛，各家于节前十几天，就用竹条扎灯笼。做果品、鸟兽、鱼虫形及'庆贺中秋'等字样，上糊色纸绘各种颜色。中秋夜灯内燃烛用绳系于竹竿上，高竖于瓦檐或露台上，或用小灯砌成字形或种种形状，挂于家屋高处，俗称'树中秋'或'竖中秋'。富贵之家所悬之灯，高可数丈，家人聚于灯下欢饮为乐，平常百姓则竖一旗杆，灯笼两个，也自取其乐。满城灯火不啻琉璃世界。"中秋燃灯之规模似乎仅次于元宵灯节。

五、观潮

在古代，浙江一带除中秋赏月外，观潮可谓是又一中秋盛事。中秋观潮的风俗由来已久，《乐府诗集·长干曲》："逆浪故相邀，菱舟不怕摇。妾家杨子住，便弄广陵潮。"汉代枚乘的《七发》赋中就有了相当详尽的记述："将以八月之望，与诸侯远方交游兄弟，并往观涛乎广陵之曲江。至则未见涛之形也，徒观水力之所到，则恓然足以骇矣。观其所驾轶者，所擢拔者，所扬汩者，所温汾者，所涤汔者，虽有心略辞给，固未能缕形其所由然也。……疾雷闻百里；江水逆流，海水上潮；山出内云，日夜不止。衍溢漂疾，波涌而涛起。"观潮的时间也与现在的"八月十八钱塘观潮节"大致相同，都是在中秋之际，月球引力导致潮水最高最大。汉以后，中秋观潮之风更盛。朱廷焕的《增补武林旧事》和吴自牧的《梦粱录》也有观潮记载。

六、玩兔儿爷

玩兔儿爷是流行于中国北方地区的中秋习俗。玩兔儿爷的中秋习俗约始于明末。"老北京"过中秋，除了吃月饼，还有一项习俗是供兔儿爷。"兔儿爷"兔首人身，披甲胄，插护背旗，或坐或立，或捣杵或骑兽，竖着两只大耳朵。最初，"兔儿爷"用于中秋拜月祭祀。明人纪坤的《花王阁剩稿》："京中秋节多以泥抟兔形，衣冠踞坐如人状，儿女祀而拜之。"到了清代，兔儿爷的功能已由祭月转变为儿童的中秋节玩具。《燕京岁时记》："每届中秋，市人之巧者，用黄土抟成蟾兔之像以出售，谓之兔儿爷。"清代宫廷把月中的玉兔称作太阴君。然而北京百姓们称它为兔儿爷。在北京一带的民俗中，中秋节祭兔儿爷实是庄重不足而游戏有余。

第四节　中秋节民俗体育活动

中秋是我国的传统节日，众多的民俗体育活动都和中秋圆月密不可分。一些民俗体育活动通过祭月、拜月寄托情怀，通过登高赏月感受自然美景。月圆之夜人们于郊外追月、寻月、跳月，既具有强身健体的功能，又能愉悦身心，还表达了对家庭团聚、幸福生活的美好愿望。有些地方在中秋节有玩花灯和舞火龙的习俗，具有祈福迎祥的美好寓意。而我国古代最具特色的中秋民俗体育则是钱塘弄潮，是弄潮儿不畏凶险的极限挑战运动，体现了古人挑战大自然的信心和决心。

一、玩花灯

玩花灯是中秋节重要的游戏活动，首先是中秋是中国三大灯节之一，过节要玩灯。当然，中秋没有像元宵节那样的大型灯会，玩灯主要只是在家庭、儿童之间进行的。早在北宋《武林旧事》中，记载中秋夜节俗，就有将"一点红"灯放入江中漂流玩耍的活动。中秋玩花灯，多集中在南方。如佛山秋色会上，就有各种各样的彩灯：芝麻灯、蛋壳灯、刨花灯、稻草灯、鱼鳞灯、谷壳灯、瓜子灯及鸟兽花树灯等，令人赞叹。在广西南宁一带，除了以纸、竹扎各式花灯让儿童玩耍外，还有很朴素的柚子灯、南瓜灯、橘子灯。所谓柚子灯，是将柚子掏空，刻出简单图案，穿上绳子，内点蜡烛即成，光芒淡雅。南瓜灯、橘子灯也是将瓤掏去而成。虽然朴素，但制作简易，很受欢迎，有些孩子还把柚子灯漂入池河水中作游戏。广西有简单的户秋灯，是以六个竹篾圆圈扎成灯，外糊白纱纸，内插蜡烛即成，挂于祭月桌旁祭月用，也可给孩子们玩。

二、舞火龙

舞火龙是香港中秋节最富传统特色的习俗。从每年农历八月十四晚起，铜锣湾大坑地区就一连三晚举行盛大的舞火龙活动。这火龙长达70多米，用珍珠草扎成32节的龙身，插满了长寿香。盛会之夜，这个区的大街小巷，一条条蜿蜒起伏的火龙在灯光与龙鼓音乐下欢腾起舞，很是热闹。香港大坑舞火龙的习俗已有上百年的历史，活动规模颇大，轮番舞龙者达3万多人（图8-2）。

图8-2 舞火龙现场

在广州市白云区石马村、清湖村、平沙村、夏茅村、大朗村、江村村也有舞火龙的习俗。据说舞了火龙后可以趋吉避凶，风调雨顺。以前用稻秆扎成龙头、龙身的形状，插上燃着的香，由青壮小伙子赤膊上阵，挥舞舞动。现代火龙以藤草、榕树叶等制成，一般龙头约50公斤。人们认为龙能行云布雨、消灾降福，象征祥瑞，所以以舞龙的方式来祈求平安和丰收就成为全国各地的一种习俗。其来源一说与刘伯温号召百姓舞火龙起义驱赶元兵有关，一说与清咸丰年间村民以舞火龙驱赶蝗虫有关。

而连州市星子镇的舞火龙，则是每年农历八月十五（中秋节）的另一种民俗活动。镇周边的村子中，村民用稻秆扎成龙头的形状，上面遍插线香，点燃后，一般由小伙子舞动，先在自个儿村或者街道拜访每家每户，然后在镇子大型广场展示，路人燃着鞭炮对着舞龙人身上烧，据说可趋吉避凶，好运连连。从中秋节起，连续三天，星子镇都会舞火龙，特别是最后一天，舞火龙会达到高潮：一条条火龙走街串巷，给各家各户带来好运气，然后聚集到镇中心，集中舞蹈。不少慕名而来的看客，携带鞭炮等候火龙的到来。旁观者用鞭炮往赤膊的舞龙者身上丢过去，鞭炮在年轻人的身上炸开，但是勇敢的舞龙者却不在意，而且这种行为大受欢迎。

江西婺源的一些村镇也有中秋节游火龙的风俗。火龙以藤草扎成，身上插有香烛。游火龙时有锣鼓队同行，游遍各村后再送至河中。

三、登高赏月、走月、跳月

（一）登高赏月

中秋登高赏月是古人雅俗同好的一件快事，也是广大民众的休闲娱乐游艺活动，寄情于明月高台、山水之间，身心俱佳。各界人士或登临高楼、庙宇，或登于山川，或泛于水间，文人赋词作诗，俗士讲古论今，民众谈俗。唐李涉《中秋夜君山台望月》诗云："大堤花里锦江前，诗酒同游四十年。不料中秋最明夜，洞庭湖上见当天。"宋罗烨的《醉翁谈录》中，有声有色地记述了南宋都城临安（今浙江杭州）的拜月之俗："倾城人家子女，不以贫富，能自行，至十二三，皆以成人之服饰之。登楼，或于中庭，焚香拜月，各有所期。男则愿早步蟾宫，高攀仙桂；女则愿貌似嫦娥，圆如皓月。"《江南志书》记载："常熟县八月望日，游人操舟集湖桥望月。"这是泛舟赏月的佐证。按宋朱弁《曲洧旧闻》卷八《玩月盛于中秋》的说法："中秋玩月，不知起何时。考古人赋诗，则始于杜子美。而戎昱《登楼望月》、冷朝阳《与空上人宿华严寺对月》、陈羽《鉴湖望月》、张南史《和崔中丞望月》、武元衡《锦楼望月》，皆在中秋。"当然，古人玩月，并不仅仅是只玩赏中天朗月，而往往是把月和大自然中的其他景物连带在一起观赏，比如著名的景观——二十四桥明月夜、卢沟晓月、三潭印月、洞庭揽月、长江追月、黄山邀月、庐山邀月等，无疑都是人们中秋玩月的绝好所在。

（二）走月

中秋时节，云淡风轻，月光皎洁，民间除了赏月、祭月等活动外，在各地及少数民族地区还有"走月"的民俗活动。走月是中秋节习俗之一。皎洁的月光下，人们三五结伴，或游街市，或走郊外，谈笑风生。在赏月的同时，健身强体。地域和民族不同，有"游月""追月""望月""走月亮"等不同称呼。

《正德江宁县志》载，中秋夜，南京人必赏月，合家赏月称为"庆团圆"，团坐聚饮称为"圆月"，出游街市称为"走月"。明初南京有望月楼、玩月楼供人们月下休闲娱乐；清代则在南京狮子山下筑朝月楼，供人赏月游玩，其中以玩月桥者为最。人们在明月高悬时，结伴同登望月楼、游玩月桥，以共睹玉兔为乐。

吴地传统民俗，中秋夜妇女盛装出游，踏月彻晓，谓之"走月亮"。清沈复《浮生六记·闺房记乐》："中秋日……吴俗，妇女是晚不拘大家小户皆出，结队而游，名曰'走月亮'。"清顾禄《清嘉录·走月亮》："妇女盛妆出游，互相往还，或随喜尼菴，鸡声喔喔，犹婆娑月下，谓之'走月亮'。"蔡云《吴歈》云："木犀球压鬓丝香，两两三三姊妹行。行冷不嫌罗袖薄，路遥翻恨绣裙长。"《昆新合志》："中秋夕，游人踏月马鞍山前。"《吴江志》："是夕，群集白漾欢饮，竹肉并奏，往往彻晓而罢。"《震泽旧志》："中秋夜，携榼胜地，联袂踏歌。"《昭文志》："八月望，游人操舟集湖桥望月。"《吴县志》又云："作腹会，各据胜地，延名优清客，打十番，争胜负，十二、三日始，十五止。"又沈朝初《忆江南》词云："苏州好，海涌玩中秋。歌板千群来石上，酒旗一片出楼头。夜半最清幽。"上述记载描述了吴地妇女对月下出游的热衷及当时"走月"的盛况。

少数民族中秋之夜也有类似的风俗，如：

（1）蒙古族的追月。蒙古族人爱做"追月"的游戏。人们跨上骏马，在银白色月光下，奔驰在草原上。他们朝西放马奔驰，月亮由东方升起，坠落西方。执着的蒙古骑手，直到月亮西下，"追月"不止。

（2）藏族的寻月。西藏一些地区的藏族同胞欢度中秋的习俗是"寻月"。中秋节的夜晚，男女青年和娃娃们，沿着河流，跟着倒映水中的明月，把周围河塘中的月影观遍，然后回家团圆吃月饼。

（3）广西侗族的行月。广西侗族有"行月"的习俗。中秋夜临，各山寨的芦笙歌舞队，踏着一路月光，行至邻近山寨，和那儿的寨民相聚赏月，赛歌赛舞，彻夜长欢。

（4）云南德昂族的串月亮。云南潞西的德昂族青年男女，每逢中秋月明高挂，分外明亮的时候，山头寨尾，不时传来一阵悠扬动听的葫芦笙，男女青年在一起"串月亮"倾诉衷情。有的还通过"串月亮"送槟榔、送茶订下婚约。

（三）云南彝族的跳月

云南彝族过中秋的传统习俗是"跳月"。入夜，该族各个村寨的男女老幼都聚集在山村中的开阔地，一个个束腰披纱的姑娘们、头缠布带的小伙子们以及老头、老太太、小娃子们都激情地载歌载舞，尤其是那些青年男女表达爱慕之情的对歌，仿佛月亮也听得为之动情动容，越发显得妩媚皎洁。

说起彝族的跳月，有必要提及流行于云南省弥勒市传统舞蹈"阿细跳月"。"阿细跳月"是国家级非物质文化遗产"彝族三弦舞"之一。在阿细语中称为"嘎斯比"，意为"欢乐跳"，它是彝族阿细人代表性的民族民间舞蹈，源于阿细人古朴的"阿细跳乐"，因多在月光下的篝火旁起舞，故名"阿细跳月"。阿细跳月参加者少则十几人，多则上千人，多在祭祀、节日、盛典时表演，具有较强的自发性、自娱性和群众性。它集歌、舞、乐于一体，有规范的舞步和套路，其舞蹈可分为老人舞和青年舞，舞步包括蹁脚跳、鹤步单腿跳、弹跳步、跑步跳、转身跳、拍掌跳等形式，音乐为宫调式大三度五拍节，起舞时以大三弦、大中小竹笛、小三弦、三胡、月琴、唢呐、哨子等阿细民间自制乐器伴奏。阿细跳月节奏热烈欢快，动作豪放粗犷，舞姿矫健飘逸，韵律强劲，气势恢宏，具有较强的感召力。

明清时期，阿细人的跳乐舞步简单，一步一拍掌，伴奏乐器为三胡、葫芦三弦、树叶等，晚清时期，"跳乐"道具出现了"响板"。民国初期，阿细跳月乐器出现了竹笛，葫芦三弦变成了木制小三弦，舞步也从一跳拍掌的单腿"颠跳步"击响板改为击掌而跳。有了相对固定的舞步和伴奏乐器，于是形成了阿细跳月"老人舞"的雏形。

四、钱塘弄潮

弄潮是中国古代独有的一种游泳冒险活动，这种活动发生在钱塘江海潮倒涌的水面上，历经唐、宋、元、明四代。总有一些勇敢者在钱江大潮之际与潮搏击，展现出人类在水中对自己生命极限的挑战能力。弄潮代表了古代中国人挑战极限运动的较高水平。钱塘江，由于入海之处地貌构造特殊，入海口呈喇叭形，江口大而江身小，每年农历八月，海潮最大时。潮头最高时达3~4米，潮差可达9米，奔腾澎湃，势无匹敌。唐宋时期，涌潮远出海门，直扑杭州，水如悬崖，声似雷霆，震撼两岸。当此之时，钱江潮号称天下奇观。

早在唐朝时期，吴越之地已有弄潮活动，而且引来众多的参与者。如《元和郡县志》卷二六钱塘县条记载："浙江……流入于海，江涛每日昼夜再上，常以月十日二十五日最小，月三日十八日极大，小则水渐涨不过数尺，大则涛涌高至数丈。每年八月十八日，数百里士女共观，舟人渔子泝潮触浪，谓之弄涛。"另如白居易《重题别东楼》诗有"秋风霞飚弄涛旗"之句，集中自注："余杭风俗……每岁八月，迎涛弄水者，悉举旗帜焉。"元稹《戏赠乐天复言》："弄涛船更曾观否，望市楼还有会无。"陈陶《钱塘对酒曲》云："风天雁悲西陵愁，使君红旗弄涛头。东海神鱼骑未得，江天大笑闲悠悠。"唐代杭州的弄涛或弄水，即宋代人所称的弄潮。宋人弄潮时手持旗帜，起伏于波涛之上，意在显耀身手，这种做法，也萌始于唐代，白氏诗注可为确证。

到了北宋时期，弄潮活动达到高潮。蔡襄《戒弄潮文》这样记载："斗牛之分，吴越之中，维江涛之最雄，乘秋风而益怒，乃习俗于以游观。厥有善泅之徒，竞作弄潮之戏。"描绘了北宋钱塘观潮之际，那些自恃水性高强的游泳者，已经按捺不住急切的心情，纷纷下江击浪，与潮共舞，在危险的水面寻求强烈刺激。当此时刻，江潮涨立，观者鼎沸，出没戏耍于骇波之间的弄潮者则大出风头。辛弃疾的《摸鱼儿·观潮上叶丞相》描绘了钱塘潮的宏大气势和弄潮儿的英姿："望飞来、半空鸥鹭。须臾动地鼙鼓。截江组练驱山去，鏖战未收貔虎。朝又暮。诮惯得、吴儿不怕蛟龙怒。风波平步。看红旆惊飞，跳鱼直上，蹴踏浪花舞。"宋张淏《会稽续志》卷七《潮赜》为此解释说："钱塘风俗喜游，二月花时竞集湖山间，非独不暇观潮，而天色尚寒，弄潮儿难以久狎于水，故是月之潮无所称道。八月乍凉，而天色犹热，弄潮儿得尽其技，人情久厌城居，故空巷出观，以此独称八月潮大耳。"

看来，自古钱塘大潮声名显赫，还得益于弄潮活动的助威添彩。苏轼《催试官考较戏作》描述："八月十五夜，月色随处好。不择茅檐与市楼，况我官居似蓬岛。凤味堂前野桔香，剑潭桥畔秋荷老。八月十八潮，壮观天下无。鲲鹏水击三千里，组练长驱十万夫。红旗青盖互明灭，黑沙白浪相吞屠。人生会合古难必，此景此行那两得。愿君闻此添蜡烛，门外白袍如立鹄。"这里的红旗，指的是弄潮者在水中挥持的标志；而青盖，则指两岸观众的遮阳物。范仲淹也有关于弄潮的描述，《和运使舍人观潮》有云："何处潮偏盛，钱塘无与俦。……北客观犹惧，吴儿弄弗忧。"北宋时期的弄潮已经注重水上技巧的展示，而且展示的都是高难度动作。有些人在潮头上高举红旗，任凭波翻浪涌，仍能让旗帜不沾水花。

南宋偏安南方，虽然痛失半壁江山，但在钱塘江潮中击浪穿波的勇敢动作却始终没有停止，吴越居民更把一腔热血投向那显示气概的弄潮之中。周密《武林旧事》卷三记载说："浙江之潮，天下之伟观也，自既望以至十八日为最盛。方其远出海门，仅如银线，既而渐近，则玉城雪岭，际天而来。……吴儿善泅者数百，皆披发文身，手持十幅大彩旗，争先鼓勇，溯迎而上，出没于鲸波万仞中，腾身百变，而旗尾略不沾湿，以此夸能。而豪民贵宦，争赏银彩。江干上下十余里间，珠翠罗绮溢目，车马塞途，饮食百物皆倍穹常时，而僦赁看幕，虽席地而不容间也。"吴自牧《梦粱录》卷四记载："其杭人有一等无赖不惜性命之徒，以大彩旗，或小清凉伞、红绿小伞儿，各系绣色缎子满竿，伺潮出海门，百十为群，执旗泅水上，以迓子胥弄潮之戏，或有手脚执五小旗浮潮头而戏弄。"《武林旧事》卷三记载水军将士："并有乘骑弄潮标枪舞刀于水面者，如履平地"。释宝昙《观潮行》这样描述潮头旗影："八月十八钱塘时，潮头搅海雷怒飞。……红幡绿盖弄潮者，出没散乱同凫鹭。"足见弄潮健儿们之胆识、体力、无畏精神和高超技艺。

宋代是我国弄潮的鼎盛阶段，在长达320年的时间里，高潮迭起，雄盛不止。宋亡之后，持续了两代的游泳冒险运动逐渐开始走下坡路。但受两宋体育风气的长期熏陶，元、明两朝，仍有弄潮者前赴后继，全力维系古人向往的传统竞技模式。

明朝人在钱塘上观潮和弄潮，多少保留着宋代遗风。总有人喜欢在排山倒海般的大潮中磨练意志，甚至甘冒风险。明末著名文人田艺蘅曾对弄潮搏击的水上健儿报以赞赏的眼光，他写了两首《浙江词》，刻画出了弄潮儿的拼搏精神，诗中这样说："自古人看八月涛，就中十八浪能高。弄儿出没烟波里，手舞红旗战海鳌。""暎江楼上指潮生，万艇迎潮水底行。南人经惯平始地，北人一见梦魂惊。"凭借着世代相传的游泳本领，吴越传人在钱塘江潮水中继续挑战人体极限。

钱塘弄潮毕竟在中国体育发展历史上留下了深刻的印记，它充分说明，古人在与自然力的抗争中付出了超强的努力，他们把冒险精神与体育竞技融为一体，尝试了后人永不敢为的壮烈举动。弄潮运动虽然退出了体育领域，但"弄潮"这个词最终演变成为中华民族进取精神的代名词。

第九章
重阳节民俗体育

　　重阳节，是中国民间传统节日，又称茱萸节、菊花节。侗族、畲族称重阳节为九月九，朝鲜族称为老人节。节期在每年农历九月初九日。在民俗观念中"九"是数字最大数，有长久长寿的含义，寄托着人们对老人健康长寿的祝福。秋季也是一年收获的黄金季节，因此重阳节寓意深远，人们对重阳节历来怀有特殊的感情。

第一节　重阳节概说

在古老的《易经》中"以阳爻为九",把"六"定为阴数,"九为阳数",九月九日,两阳数相重,故曰"重阳",明代张岱著《夜航船》云:"九为阳数,其日与月并应,故曰'重阳'。"因日与月皆逢九,故又称为"重九"。九九归真,一元肇始,古人认为九九重阳是吉祥的日子。登高赏秋与感恩敬老是当今重阳节日活动的两大重要主题。古时民间在重阳节有登高祈福、拜神祭祖及饮宴祈寿等习俗。

据现存史料记载及考证,上古时代古人有在季秋举行丰收祭天、祭祖的活动。古人在九月农作物丰收之时进行祭天帝、祭祖,以谢天帝、祖先恩德的活动,这是重阳节作为秋季丰收祭祀活动而存在的原始形式。重阳节在历史发展演变中杂糅多种民俗为一体,承载了丰富的文化内涵。

据《吕氏春秋·季秋纪》记载:"(九月)命家宰,农事备收,举五种之要。藏帝籍之收于神仓,祇敬必饬。""是日也,大飨帝,尝牺牲,告备于天子。"可见先秦时期,已有在九月农作物秋收之时,人们祭拜天帝、祭祀祖先的活动,以谢天地、祖先之恩德。

《西京杂记》中写道:"九月九日,佩茱萸,食蓬饵,饮菊花酒,云令人长寿。"相传自此时起,有了重阳节求寿之俗,这是受古巫师追求长生、采集药物服用的影响。同时还有大型饮宴活动,是由先秦时庆丰收之宴饮发展而来。《荆楚岁时记》云:"九月九日,四民并籍野饮宴。"隋杜公瞻注云:"九月九日宴会,未知起于何代,然自晋至宋未改。"求长寿及饮宴,构成了重阳节的基本内容。三国时,魏文帝曹丕在《九日与钟繇书》中记述:"岁往月来,忽复九月九日。九为阳数,而日月并应,俗嘉其名,以为宜于长久,以享宴高"。可见,当时重阳节已定型了。重阳节主题是求长寿、戴茱萸、酿菊、赏菊及祭祀酒神等。在流传过程中,又添加了敬老等内涵,比登高、野宴及各种游戏等更有意义。

重阳节的原型是古代祭祀"大火"的仪式。作为古代季节星宿标志的"大火",在季秋九月隐退。《夏小正》称"九月内火"。大火星的退隐,不仅使一向以大火星为季节生产与季节生活标志的古人失去了时间的坐标,同时还使将大火奉若神明的先民产生恐惧,火神的休眠意味着漫漫长冬的到来。因此,在"内火"时节,一如其出现时的迎火仪式那样,人们要举行相应的送行祭仪。古代的祭仪情形,可从后世的重阳节风俗中寻找到一些古俗遗痕,如江南部分地区重阳祭灶的习俗,由此可见古代九月祭祀"大火"的一些情景。九九重阳,早在春秋战国时期的《楚辞》中已提到,屈原的《远游》里写道:"集重阳入帝宫兮,造旬始而观清都。"这里的"重阳"是指天,还不是指节日。上巳、寒食与重阳的对应,是以

"大火"出没为主要依据的,古人常将重阳与上巳或寒食、九月九与三月三作为对应的春秋大节。

陶渊明在《九日闲居》序文中说:"余闲居,爱重九之名。秋菊盈园,而持醪靡由,空服九华,寄怀于言。"这里同时提到菊花和酒。大概在魏晋时重阳已有饮酒、赏菊的活动。到了唐代,重阳被正式定为民间的节日。至明代,九月重阳,皇宫上下要同时吃糕以庆贺,皇帝要亲自到万岁山登高,以畅秋志,此风俗一直流传至清代。

重阳在民众生活中成为秋冬交接的时间界标。如果说上巳、寒食是人们度过漫长冬季后出室畅游的春季节日,那么重阳则是在秋寒新至,人们即将进入漫长寒冬时的具有仪式感的秋游,所以民俗有上巳"踏青",重阳"辞青"。重阳节是围绕着人们岁时节令生活的感受而形成的一个重要民族民俗节日。

第二节 重阳节源起与传说

重阳节起源甚早,在漫长的传续过程中,几经嬗变,耦合了多种民俗因素和神秘的数理逻辑,因而,它具有功能繁复、俗信驳杂、神秘色彩浓厚等特点。[1]

一、桓景避祸说

有关重阳节的故事传说,最早见于南朝梁吴均的《续齐谐记·九日登高》,文中记载:"汝南桓景随费长房游学累年。长房谓之曰:'九月九日,汝家中当有灾,宜急去,令家人各作绛囊,盛茱萸以系臂,登高,饮菊花酒,此祸可除。'景如言,齐家登山。夕还,见鸡犬牛羊一时暴死。长房闻之曰:此可代也。"后来人们于重九日登高、饮菊花酒、佩挂茱萸等习俗,就是由此而来。

二、桓景斩魔说

后人在桓景避祸的基础上,又演变出桓景斩魔为民除害的故事。

相传东汉时期,汝南县有个青年名叫桓景。他和父母妻子一家人守着几片地,安分守己地过日子。谁知天有不测风云,汝河两岸忽然流行起瘟疫,夺走了不少人的性命。百姓深受

---

[1] 张君. 神秘的节俗[M]. 南宁:广西人民出版社,2004:178.

其害。桓景小时候曾听大人说过，汝河里住了一个瘟魔，每年都会出来散布瘟疫，危害人间。为了替乡民除害，桓景打听到东南山中住了一个叫费长房的神仙。他就决定前去拜师学艺。

桓景带上一袋干粮上路了。他一路穿越丛林、跋山涉水，历经千辛万苦，最后在仙鹤的引导下，终于找到了法力无边的仙长费长房。仙长感动于桓景的决心和勇气，收他为徒，并交给桓景一把降妖青龙剑，又教他降魔的武艺。桓景每天勤学苦练，终于把剑术练得炉火纯青。

有一天桓景正在练剑，仙长费长房走过来对他说："今年九月九，汝河瘟魔又要出来害人。你赶紧回乡为民除害，我给你茱萸叶子一包，菊花酒一瓶，先让乡亲们登高避灾，然后再去斩妖除魔"。说完，就用手招来一只仙鹤，把桓景载回汝南去了。

桓景在九月初九的早上回到家乡，按仙长的嘱咐，他带着全村老小登上了附近的一座山。把茱萸叶子分给每人一片，又把菊花酒倒出来，每人喝了一口，说是可以避瘟疫。安排妥当后，他就带着降妖青龙剑回到村中，等着斩杀瘟魔。

中午时分，汝河里狂风怒吼，随着几声怪叫，瘟魔出水走上岸来，发现村里一个人也没有，就四处张望，最后发现村民们都躲在山上，便狂叫着向山上冲去。刚到山脚下，突然一阵浓郁的茱萸叶香和菊花酒气迎面扑来，瘟魔顿时头晕眼花，在原地打转。桓景手持降妖宝剑从村子里直奔瘟魔而来，和瘟魔斗了几个回合便将瘟魔斩于剑下。从此，汝河两岸再也不闹瘟疫了，这一天是农历九月初九。此后每年的这一天，人们都要举行登高、插茱萸、喝菊花酒等活动，来纪念桓景铲除瘟魔、为民除害。

第三节　重阳节民俗活动

金秋送爽，丹桂飘香，重阳佳节，人们的活动相当丰富，有登高、插茱萸、赏菊、吃重阳糕、饮菊花酒等情趣盎然的民俗。

一、登高

重阳节又登高节，唐诗的登高诗很多，大多写重阳节习俗。杜甫的七律诗《登高》就是描写重阳登高的名篇："风急天高猿啸哀，渚清沙白鸟飞回。无边落木萧萧下，不尽长江滚滚来。万里悲秋常作客，百年多病独登台。艰难苦恨繁霜鬓，潦倒新停浊酒杯。"登高所到之处一般是登高山、登高塔。在重阳登高的同时，唐代还鼓励人们讲武习射锻炼骑术，此风一直延续到清代。

二、插茱萸

民间认为九月九日是逢凶之日，多灾多难。它同端午节为毒日一样，有一系列避凶求吉的风俗。董含的《薄乡赘笔》载："今人逢九，云是年必多灾殃。"因此民间流传在重阳节插茱萸以避邪。茱萸是一种中草药，又名"越椒"或"艾子"，香味浓，有驱虫祛湿、祛风邪之效，能消积食、治寒热。

插茱萸的来源极其古老。西晋周处《风土记》有："九月九日折茱萸以插头，避除恶气，以御初寒。"东晋葛洪《西京杂记》卷三："九月九日，佩茱萸食蓬饵，饮菊花酒，云令人长寿。菊花舒才开采茎叶，杂黍米酿之，至来年九月九日始熟，就饮焉，故谓之菊花酒。"在头上插茱萸，在室内悬挂茱萸可避疫，在房前屋后种茱萸，也有"除患害"之效，井边种茱萸，茱萸落在井水中，水又有去瘟病的作用。由此人们把茱萸看作灵物，视为药物。唐代诗人王维《九月九日忆山东兄弟》云："独在异乡为异客，每逢佳节倍思亲。遥知兄弟登高处，遍插茱萸少一人。"可见唐代已盛行插茱萸了。除了佩戴茱萸，人们也有头戴菊花的。唐代就已经如此，历代盛行不衰。宋代，还有将彩缯剪成茱萸、菊花来相赠佩带的。

清代，北京重阳节是把菊花枝叶贴在门窗上，"解除凶秽，以招吉祥"。重阳节还举行迎神逐疫、大送船、迎经魁等活动，以示消灾祛疫。❶

重阳节插茱萸和端午节的雄黄、菖蒲作用差不多，目的在于除虫防蛀。因为过了重阳节，衣物容易霉变，茱萸有除虫作用，制作茱萸囊的风俗便是这样发展而来。

三、赏菊

我国是菊花的故乡，菊花是长寿之花，又被文人们赞美凌霜不屈的象征。历代文人对赏菊多有记载。陶渊明《九月闲居》诗序云："余闲居，爱重九之名。秋菊盈园，而持醪靡由，空服九华，寄怀于言。"这提到菊花和酒。菊花虽比不上牡丹的富丽及玫瑰的浓艳，却以其淡姿使人倾倒。在一片萧瑟的秋景里，菊花一枝独秀，代表了坚忍不拔的个性。晋代陶渊明爱菊成痴，以菊为伴，号称"菊友"，被人们奉为"九月花神"。他的"采菊东篱下，悠然见南山"更是菊花诗中的名句。《过故人庄》一诗："故人具鸡黍，邀我至田家。绿树村边合，青山郭外斜。开轩面场圃，把酒话桑麻。待到重阳日，还来就菊花。"真实形象地反映了唐代人过重阳节宴饮友人、赏菊的风俗。

---

❶ 宋兆麟．图说中国传统节日［M］．北京：世界图书出版公司，2006：183．

白居易的《重阳席上赋白菊》，表达了重阳赏菊轻松愉快的心情。诗中写道："满园花菊郁金黄，中有孤丛色白香，还以今朝歌舞席，白头翁入少年场。"宋代女词人李清照更是描写菊花的行家里手，她的《醉花阴·九日》词："薄雾浓云愁永昼，瑞脑销金兽。佳节又重阳，玉枕纱厨，半夜凉初透。东篱把酒黄昏后，有暗香盈袖。莫道不销魂，帘卷西风，人比黄花瘦。"

菊花种类甚多。孟元老的《东京梦华录》卷："九月重阳，都下赏菊，有数种。其黄白色蕊若莲房，曰'万龄菊'；粉红色曰'桃花菊'、白而檀心曰'木香菊'、黄色而圆者曰'金铃菊'、纯白而大者曰'喜容菊'，无处无之。酒家皆以菊花缚成洞户。"文中描述了北宋年间，开封九月重阳菊花的品种和赏菊的情景。

清代赏菊又有很大的发展，出现了菊花大会。《燕京岁时记》载："九花者，菊花也。每届重阳，富贵之家，以九花数百盆，架度广厦中前轩后轾，望之若山，曰'九花山子'，四面堆积者，曰'九花塔'。"赏菊之风尤为流行，且不限于九月九日，但仍然是重阳节前后最为繁盛。

顾禄在《清嘉录》中记苏州赏菊活动说："畦菊乍放，虎阜花农，已干盎（古代腹大口小的器皿）百盎担入城市。居人买为瓶洗供赏者，或五器七器为一台，梗中置熟铁丝，偃仰能如人意。或于广庭大厦堆垒千百盆为玩者，绉纸为山，号菊花山。而茶肆尤盛。"

四、吃重阳糕

重阳节的饮食以吃糕为最。重阳糕源于魏晋时代，初称面饼，唐代叫菊花糕，宋代叫重阳糕，明清则称花糕。重阳糕是用面粉蒸制，以枣、栗、肉为佐料。清诗人蔡云的《重阳糕》中有着形象的描述："蒸出糕满店香，依然风雨古重阳。织工一饮登高酒，篝火鸣机夜作忙。"

孟元老《东京梦华录》卷八也有记载："九九重阳，……出郊外登高，如仓王庙、四里桥、愁台、梁王城、砚台、毛驼冈、独乐冈等处宴聚。都人前一二日，各以粉面、蒸糕遗送，上插剪彩小旗，掺钉果实，如石榴子、栗黄、银杏、松子肉之类。又以粉作狮子蛮王之状，置于糕上，谓之'狮蛮'。"由此可见，宋代制作重阳糕已经相当考究。人们之所以吃重阳糕，是因为"高"与"糕"谐音，故重阳糕点谓之重阳花糕，寓意"步步高升"。重阳糕不仅是自家食用、招待女儿归宁（回娘家）的食品，还是馈送亲友的礼物之一。

五、饮菊花酒

菊花不仅有观赏价值，还能用来做成重阳节的饮品。民谚曰："九日重阳，携酒登高。"

说明重阳节必登高饮酒。这里的酒是菊花酒。《艺文类聚》引《续秋》说:"世人每至(九月)九日,登山饮菊花酒。"据说古时的菊花酒,是头年重阳节时专为第二年重阳节酿的。九月九日这天,采下初开的菊花和一点青翠的枝叶,掺和在准备酿酒的粮食中,然后一起用来酿酒,于次年的重阳可以开坛饮用。传说喝了这种酒,可以延年益寿。按照中医的说法,菊花可以明目、治昏、降血压,有减肥、轻身、补肝气、安肠胃、利血气之效。

传说赏菊及饮酒,起源于晋朝大诗人陶渊明。陶渊明以隐居出名,诗出名,以爱菊出名,也以饮菊花酒出名,后人争相效之。当时文人士大夫还将赏菊与宴饮结合,以求自己能够体味到陶渊明那种洒脱的境界。

第四节　重阳节民俗体育活动

重阳节古老的体育娱乐活动有围猎、射柳、放风筝和举重阳旗等。《燕北杂记》:"辽俗九月九日打围赌射虎,少者为负,输重九一筵席。射罢,于地高处卓帐,饮菊花酒,出兔肝切生,以鹿舌酱拌食之。"满族此时狩猎活动为秋猎。其用意一是休闲,一是习骑射。过去还有重阳习射,目的是讲武习射,像汉族立秋之礼,后来失传,仅为朝鲜族所保留。赛马也是北方过重阳节的活动之一。《燕京岁时记》有记载:"钓鱼台庄阜成门外三里,有厅宫一所,南向,每届重阳,长安少年,多于此处赛马。"近现代主要流行的民俗体育活动主要是放风筝和登高活动。

一、放风筝

放风筝也是重阳节重要的体育娱乐活动,因为重阳时节,秋高气爽,清风较大,适合放风筝。风筝南方称纸鹞,北方称纸鸢。风筝历史悠久,最早的习俗认为放风筝是一种祛邪巫术,后来才演变为健身游戏活动。民间也把小儿骑牛放风筝作为"青云得路"的吉祥图案。清代胡建伟编撰的《澎湖纪略·卷之七》对当时重阳节放风的情形有生动的描绘:"放风筝,札为人物、鸾凤以及河图八卦之类,色色都有,俱挂响弦,乘风直上,声振天衢。夜则系灯于其上,恍如明星熠耀,彼此相赛,以高下为胜负。"风筝的种类繁多,有较简单的四角子,又称顺篱子,只需要几张纸,糊上竹篾即可完成,加上它的体积小轻巧,浮力强,所以很受儿童欢迎;"陀螺"(干乐)风筝则因为尾巴会作响,放来特别威风。名为"八仙""菊花心"名称的风筝则是外表十分华丽,但造价也不便宜。另有名为"蜈蚣""双抱钱"等较复杂的风筝,有的长达20米左右,需要好几个大人通力合作,才能慢慢升空。大大小小美丽的风筝在天空飞舞，成了"九月九，风吹（风筝）满天哮（鸣）"的盛况。明清时期的北京是制作风筝的重要城市，有不少流派，既有民间的风筝制作，也有宫廷的风筝制作。

重阳节期间还流行步打球、蹴鞠等活动。其中的蹴鞠就是古代足球。在北京大兴、河北涞水民间还流行石球游戏，斗蟋蟀也很盛行。在广州地区曾流行一种"重阳桀石"游戏，即由数以百计的小孩子，分为两队，以投石、打仗为游戏。重阳节的体育游戏活动丰富多彩，其目的多是为强身健体，延年益寿。

二、登高

登高是一项古老的活动，源于狩猎。远古时代，人们以狩猎为生，钻森林，爬高山，以猎取野物。此外，重阳之后就到霜降了，人们先恐后在霜降前上山采药材、挖野菜。这也是登高的起源之一。

登高之俗是重阳节重要的活动之一，且有着较远的历史传承。登高之俗始于西汉，汉刘歆著、东晋葛洪辑抄的《西京杂记》云："三月上巳，九月重阳，使女游戏，就此祓禊登高。"作者将重九与重三相对，并指出了登高祛邪免祸的用意。《荆楚岁时记》注称："今世人人九日登高饮酒"。对此，唐代诗人杜牧在《九日开山登高》中也作了描述："江涵秋影雁初飞，与客携壶上翠微。尘世难逢开口笑，菊花须插满头归。但将酩酊酬佳节，不作登临恨落晖。古往今来只如此，牛山何必独沾衣。"唐代名医孙思邈明确把重阳登高看成一项有益身心的游乐活动。他在《千金要方·月令》中曰："重阳之日，必以肴酒，登高远眺，为时宴之游赏，以畅秋志。酒必采茱萸、甘菊以泛之，既醉而归。"

唐代京城长安人习以城东南的乐游原为登高之处，宋敏求《长安志·升平坊》注曰："其地居城之最高，四望宽敞，京城之内俯视指掌。每正月晦日、三月三日、九月九日，京城士女咸就此登赏祓禊。"登高之俗传至近世仍盛行不衰。据宋代孟元老《东京梦华录》记载："都人多出郊外登高，如仓王庙、四里桥、愁台、梁王城、砚台、毛驼冈、独乐冈等处宴聚。"宋末吴自牧写的《梦粱录》卷五："日月梭飞，转盼重阳……是日、孟嘉登龙山落帽，渊明向东篱菊。正是故事。"可见宋代时人对外出登高的喜爱可见一斑。宋代文人晏殊写的《诉衷情》描绘了登高时所见的秋日盛景："芙蓉金菊斗馨香，天气欲重阳。远村秋色如画，红树间疏黄。流水淡，碧天长，路茫茫。凭高目断，鸿雁来时，无限思量。"重阳之际，木芙蓉、菊花香气沁人，在蓝天碧水间，诗人登高遥望，看到鸿雁飞来，勾起无限思乡之情。宋代词人吴文英作《蝶恋花·九日和吴见山韵》词，词云："明月枝头香满路。几日西风，落尽花如雨。倒照秦眉天镜古。秋明白鹭双飞处。自摘霜葱宜荐俎。可惜重阳，不把黄花与。帽堕笑凭纤手取。清歌莫送秋声去。"勾勒了一幅登高、踏歌、赏秋的秋日胜景图。重阳时节登高，成为文人舒展胸怀的寄托。

明代申时行的《吴山行》一诗具体描绘了民间在重阳节这天登高的盛况："九月九日风色嘉，吴山胜事俗相夸。阊阎城中十万户，争门出郭纷如麻。拍手齐歌太平曲，满头争插茱萸花。"重阳佳节，天朗气清，百姓竞相出城，去吴山一览胜景，悦耳清脆的歌声回荡在耳畔，随处可见茱萸插头、喜不自胜的游人，渲染了祥和喜庆的节日气氛。

北京地区重阳节同样盛行登高，清初汪森辑《粤西丛载》曰："是日原为桓景避难之日，而今登高行了""九日重阳，携酒登高。"清潘荣陛在《帝京岁时纪胜》中记载了北京的登高习俗："重阳日，北城居人多于阜成门外真觉寺五塔金刚宝座台上登高，南城居人多于左安门内法藏寺弥陀塔登高。"富察敦崇所撰《燕京岁时记》记载有："京师谓重阳为九月九，每届九月九日，则都人提壶携榼，出郭登高。南则天宁寺、陶然亭、龙爪槐等处，北则蓟门烟树、清净化城等处，远则西山八刹等处，赋诗饮酒，烤肉分糕，洵一时之快事也。"北京有以攀登香山鬼见愁峰为乐之习，一在山高，二在秋高气爽。到西山看红叶，现在已成为旅游的重要形式。❶《清嘉录》记载："登高，旧俗在吴山治平寺中，牵羊赌彩，为摊钱之戏。今吴山顶机王殿，犹有鼓乐酬神，喧阗日夕者。或借登高之名，遨游虎阜，箫鼓画船，更深乃返。"《中华全国风俗志》下篇卷五记录了江西萍乡人在九月九"膳后至南门外宝塔岭登高"。同书下篇卷六记载湖北监利人于重阳日"士子登高啸咏"。由于重阳登高习俗传流时间长、地域广，因而不同的地区有不同的传统的登高胜地，如江西南昌的滕王阁，山东的牛山，安徽的龙山、齐山，均是所在地区的传统登高胜地。不少地区的农民在重阳节前后上山采集药材及其他经济作物，谓之"小秋收"。这是将九九登高与秋季采集经济活动结合起来所产生出的一种新习俗，也可以说是登高的一种衍生习俗。现在许多地区还流传着在九月九日让儿童"登高、放风筝、迎寒、唤黄雀、斗鹌鹑等活动"。这些活动显然也都是登高习俗的发展。❷

重阳登高的习俗经久不衰，时至今日，人们依旧会在重阳之际相约登高，一览山河美景，畅意抒怀。

---

❶ 宋兆麟. 图说中国传统节日[M]. 北京：世界图书出版公司，2006：180-182.
❷ 张君. 神秘的节俗[M]. 南宁：广西人民出版社，2004：184.

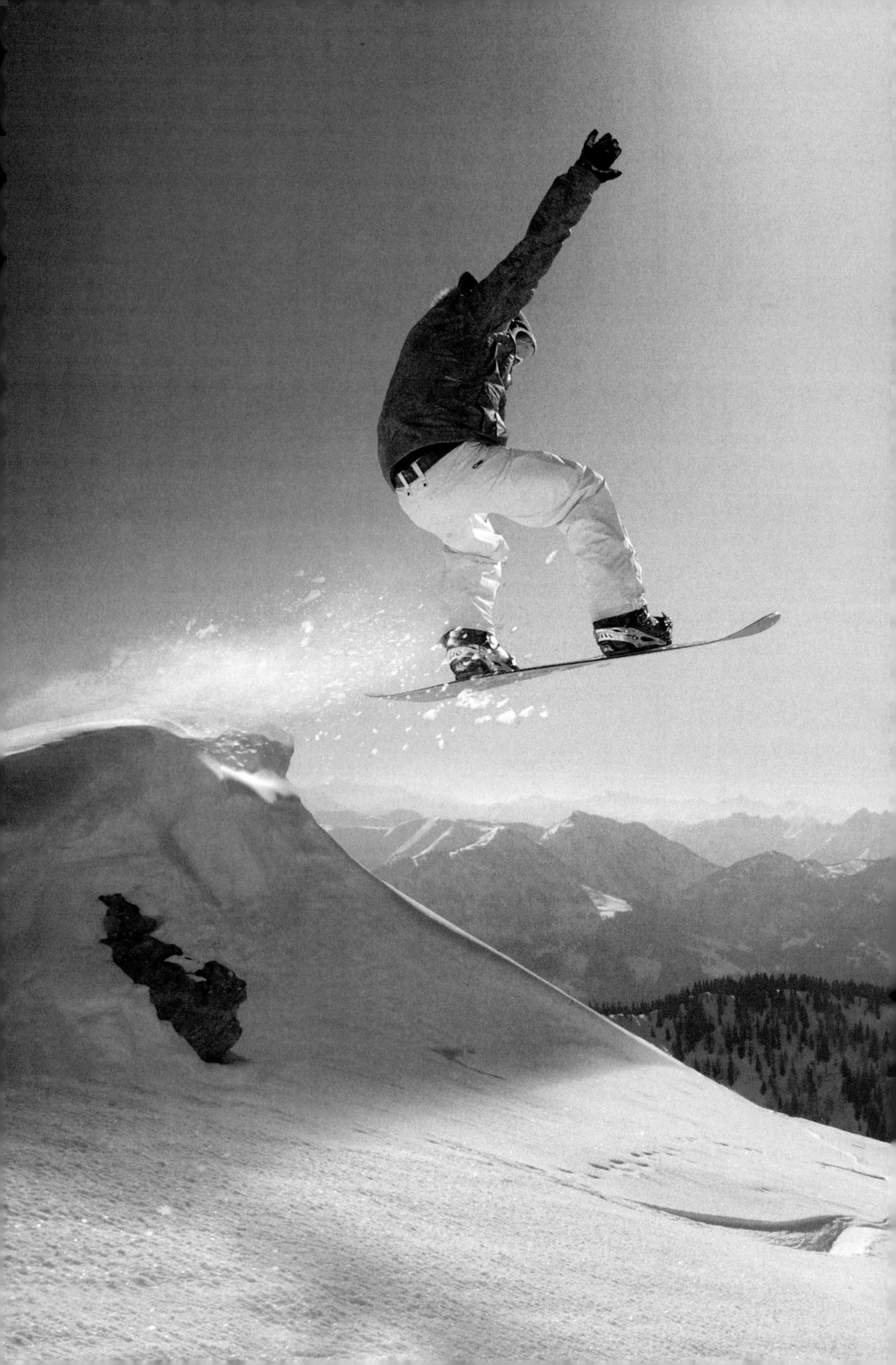

第十章

冬至民俗体育

　　冬至，又称日南至、冬节、亚岁等，兼具自然与人文两大内涵，既是二十四节气中一个重要的节气，也是中国民间的传统祭祖节日。冬至是四时八节之一，被视为冬季的大节日，在古代民间有"冬至大如年"的讲法。冬至习俗因地域不同而存在着习俗内容或细节上的差异。在中国南方地区，有冬至祭祖、宴饮的习俗。在中国北方地区，每年冬至日有吃饺子的习俗。

第一节　冬至概说

　　冬至这天，太阳虽低、白昼虽短，但是在气象上，冬至的温度并不是最低。实际上，由于地表尚有"积热"，冬至之前通常不会很冷，真正的严寒在冬至之后。由于中国各地的气候相差悬殊，这种气候意义的冬季对于中国多数地区来说，显然偏迟。时至冬至，标志着即将进入寒冷时节，民间由此开始"数九"计算寒天，农谚有："夏至三庚入伏，冬至逢壬数九"之说。就是每九天算一"九"，以此类推；数九一直数到"九九"八十一天，"九尽桃花开"，此时寒气已尽。九天为一个单位，谓之"九"，过了九个"九"，刚好八十一天，即为"出九"或"完九"。从"一九"数到"九九"，冬寒就变成春暖了。

　　中国古代一些文学作品将冬至分为三候："一候蚯蚓结；二候麋角解；三候水泉动。"意思是土中的蚯蚓仍然蜷缩着身体，麋鹿感阴气渐退而解角。由于冬至后太阳直射点往北回返，太阳往返运动进入新的循环，太阳高度自此回升、白昼逐日增长，所以此时山中的泉水可以流动并且温热。

　　冬至这天太阳南行到极致，太阳光直射南回归线，自冬至这天起太阳直射点往北回返，冬至是"日行南至，往北复返"的转折点，此后太阳高度回升、北半球各地白昼逐日增长。冬至标志着太阳新生、太阳往返运动进入新的循环。冬至是一个吉日，如《汉书》中说："冬至阳气起，君道长，故贺。"也就是说，人们最初过冬至节是为了庆祝新的一年的到来。古人认为自冬至起，天地阳气开始兴作渐强，代表下一个循环开始，是大吉之日，应该庆贺。

　　冬至，是二十四节气中最早被制定的一个。从西周初年周公"土圭测景"开始，到春秋战国时期逐渐形成，是当时世界上最为先进的历法节令。《周礼·地官司徒·大司徒》中记载："以土圭之法测土深，正日景（影），以求地中。"讲的是在3000多年前，周公用土圭法测日影，得出洛邑为中国的中心地理位置，并确定了国家建设都城的规划（图10-1）。又通过详

图10-1　周公测景台（河南登封）

细观测，测出每年的阳历12月21日或23日之间，是北半球全年中白天最短、黑夜最长的一天，过了这天，白天就会一天天变长。周公就把这天确定为新年开始的一天，这就是冬至的来历。由周到秦，以冬至日当作岁首一直不变，至汉代依然如此。

据现代天文科学测定，冬至日，太阳直射南回归线，阳光对北半球最倾斜，北半球白天最短，黑夜最长。这天之后，太阳又逐渐北移。中国有谚语："吃了冬至面，一天长一线"。但因太阳辐射到地面的热量，比地面向空中发散得少，所以短期内气温会继续降低。所以，天文学规定，冬至为北半球冬季的开始。古人解释冬至："阴极之至，阳气始生，日南至，日短之至，日影长之至，故曰冬至。"

第二节　冬至源起与传说

冬至过节源于汉代，盛于唐宋，延续至今。古人认为，自冬至日起，天地阳气逐渐强盛，代表下一个循环开始，并认为冬至是阴阳二气的自然转化，是上天赐予的福气。汉朝以冬至为"冬节"，官府要举行被称为"贺冬"的祝贺仪式，例行放假。在民间，冬至又有"小年"的名字，作为最古老的节气之一，冬至有很多传统风俗与饮食有关。

一、"捏冻耳朵"说

"捏冻耳朵"是河南人冬至吃饺子的俗称。相传南阳医圣张仲景曾在长沙为官，他告老还乡之时是大雪纷飞的冬天，寒风刺骨。他看见南阳白河两岸的乡亲衣不遮体，有不少人的耳朵被冻烂了，心里难过，就叫弟子搭起医棚，用羊肉、辣椒和一些驱寒药材放置锅里煮熟，捞出来剁碎，用面皮包成像耳朵的样子，再放入锅里煮熟，做成一种叫"驱寒娇耳汤"的药物，施舍给百姓吃。服食后，乡亲们的耳朵都治好了。后来，每逢冬至人们便模仿做着吃，是故形成"捏冻耳朵"的习俗。同时因为张仲景死于冬至日，为了纪念他，所以在冬至日吃饺子。至今民间还流传着"冬至不端饺子碗，冻掉耳朵没人管"的民谚。

二、吃馄饨说

传说在汉朝，北方匈奴总是骚扰边疆的百姓，百姓恨之入骨。据说有两个匈奴的首领分别称"浑氏""屯氏"，百姓便将肉馅包成角儿，取"浑""屯"之音，称为馄饨，吃掉馄饨以保平安。相传最初制成馄饨的那一天恰逢冬至，因此，"冬至馄饨"便世代相传下来。

三、吃赤豆饭防灾病说

在江南水乡，有冬至之夜全家欢聚一堂共吃赤豆糯米饭的习俗。相传，有一位叫共工氏的人，他的儿子不成才，作恶多端，死于冬至这一天，死后变成疫鬼，继续残害百姓。但是这个疫鬼最怕赤豆，于是人们就在冬至这一天煮吃赤豆饭，用以驱避疫鬼，防灾祛病。

四、吃糯米团说

很久以前的一年冬至，闽南的一个城里来了三个衣衫褴褛的乞丐，他们是一对夫妇带着一个女儿。在天寒地冻的严冬里，乞丐的妻子因体力不支而一病不起，不久就亡故了。为了筹钱埋葬妻子，老乞丐只得忍痛把女儿卖给人家做奴婢。一想到要离开相依为命的老父亲，女儿伤心地晕了过去。老乞丐连忙讨了一碗米汤，一口一口地把女儿灌醒。老乞丐又讨来了几个糯米团充饥，可是父女两个互相推让，谁也不肯先吃。老乞丐就对女儿说："今日离别，就像这个糯米团分成两半，咱们团圆的时候再吃团子，好吗？"说完，两人含泪吃完了团子，就依依不舍地分手了。

自父女两人分手后，又过了三年，老乞丐杳无音信。每年到了冬至，女儿就更加思念父亲。她想，也许父亲现在仍穷困潦倒，不愿见面。那该如何相认呢？她就想了个办法，对主人说："今天是冬至，家家都吃团子，那门神也该敬敬。"主人同意了。她就搓了两个又大又圆的糯米团粘在门环上。她想，这样一来，父亲回来看到门环上的糯米团，一定不会找错门。谁知道，老乞丐还是没有回来。第二年，女儿又把糯米团粘在窗门、猪舍、牛舍、牛头上，寄托对父亲的思念。左邻右舍取其团圆、吉利的含义，也照样去做。这个习俗就这样传遍了南方。

第三节　冬至民俗活动

冬至节，民间历来十分重视。先秦时期，南北各地风俗文化各异，各地的风俗尚未融合普及，很多节日有历史，乏记载。很多古已有之的节俗活动在著作上鲜有记载。

一、祭祖

祭祀祖先是我国许多节日（包括冬至）里常有的习俗活动。《中华全国风俗志》里，就有"冬至节,祭扫坟墓,亦名'鬼节'"之说。在我们中国人的观念里,祖先的灵魂对于家族的意义,与天地诸神对于国家的力量完全可以相提并论,不可马虎,不可怠慢。祭祀或者是在家庙,或者是在坟地,都是把好吃好喝的东西,尽可能地供奉给祖先。

《后汉书·志·礼仪中》:"冬至前后,君子安身静体,百官绝事,不听政,择吉辰而后省事。"还要挑选"能之士",鼓瑟吹笙,奏"黄钟之律",以示庆贺。唐、宋时期,冬至是祭天祭祀祖的日子,皇帝在这天要到郊外举行祭天大典,百姓在这一天要向父母尊长祭拜,现仍有一些地方在冬至这天过节庆贺。

宋代孟元老的《东京梦华录》记载:"十一月冬至。京师最重此节,虽至贫者,一年之间,积累假借,至此日更易新衣,备办饮食,享祀先祖。官放关扑,庆祝往来,一如年节。"

据《嘉兴府志·风俗》记载:"冬至祀先,冠盖相贺,如元旦仪。"嘉兴重冬至,俗谚"冬至大似年",现仍保留古风。

在潮汕地区,谚语有"冬节大如年"和"冬节没返,没祖宗"之说。这两句话,是指外出的游子,到冬至这天一定要回家祭祖,否则就是忘了祖宗。可见,冬至节在人们心中的地位。

二、进补养生

民间崇尚冬至进补。作为二十四节气中的重要节日,众多习俗与吃相关:如吃饺子、狗肉、羊肉、汤圆等。

在中国北方许多地区,每年冬至日,有吃饺子的习俗。中国北方地区人们在这天要吃饺子是因为饺子有"消寒"之意,至今民间还流传着"冬至不端饺子碗,冻掉耳朵没人管"的民谚。

冬至吃羊肉,是中国南方和北方共有的习俗。羊肉味甘性温,是冬至进补的重要食物之一。寒冬,常吃羊肉可以益气补虚,促进血液循环,增强人体的御寒能力。

吃八宝粥可有滋润养胃、有益消化的效果,在干燥的冬季进食尤其有利。为更好发挥御寒作用,煮粥时,人们多会选择温热平和、健脾护胃的食物,如薏米、大枣、核桃、花生、鸡肉、羊肉、糯米、桂圆、山药、银耳等。

冬至吃汤圆主要盛行于江南地区。做汤圆常用的材料,如糯米、芝麻、红豆等均有温热性,有较好的健脾作用。温热类食品,能够提高人体机体抗寒防病能力,尤其适合在冬天食用。"圆"意味着"团圆""圆满",冬至吃汤圆又叫"冬至圆"。民间有"吃了汤圆大一岁之说"。

冬至后,中国各地气候都进入一个最寒冷的阶段,人们会根据天气情况及时增添衣服,注意保暖。同时人们会有意多吃补益身体的食物,并适当进行体育锻炼。冬至后的"三九天",天气寒冷,体内阳气刚刚生发,比较弱小,人们在进行养生锻炼时会调节体内平衡、顺应自然。因此要注意躲避寒冷、选择运动量适当的养生气功、太极拳等内容,同时,注重劳逸结合,保持心情平稳,养护自身刚刚生发的弱小阳气,使其利于以后的生长繁盛。

第四节 冬至民俗体育活动

一、九九消寒图游戏

九九消寒图是一种益智、娱乐游戏,中国北方文人根据数九绘制的一幅图。九九消寒图与数九的民俗密切相关。九九消寒图是以画梅花或画圆圈等形式来记录冬至后一九至九九日期的民间游戏活动,饶有趣味!消寒图是我国古代记载进九以后天气阴晴的"日历",人们寄望于它,来预卜来年丰欠,是一种很有传统特色的、好看的日历。消寒图一共有九九八十一个单位,所以才叫作"九九消寒图"。从冬至那天算起,以九天作一单元,连数九个九天,到九九共八十一天,冬天就过去了,表达一种迎春的殷殷心意。

九九消寒图有三种图式,分别为文字、圆圈、梅花三种。

文字版的九九消寒图是一幅双钩描红书法:"亭前垂柳珍重待春风",均为繁体字(图10-2)。清徐珂《清稗类钞·时令类》:"宣宗御制词,有'亭前垂柳,珍重待春风'二句,句各九言,言各九画,其后双钩之,装潢成幅,曰九九消寒图,题'管城春色'四字于其端。南书房翰林日以'阴晴风雪'注之,自冬至始,日填一画,凡八十一日而毕事。"九字每字九划共九九八十一划,从冬至开始每天按照笔画顺序填充一个笔画,每过一九填充好一个字,直到九九之后春回大地,一幅九九消寒图才算大功告成。也称作写九。旧俗以冬至为入九,九九足,则春风送暖,寒意全消,故有九九消寒之谚。

图10-2 九九消寒图(文字)

圆圈图形版的九九消寒图，是将宣纸等分为九格，每格用笔帽蘸墨印上九个圆圈，每天填充一个圆圈（图10-3），填充的方法根据天气决定。《燕京岁时记·九九消寒图》："消寒图乃九格八十一圈。自冬至起，日涂一圈，上阴下晴，左风右雨，雪当中。"还有人为了手续简便，先在一张纸上画九个大方格代表九九，再把每个方格分成九个小方格，共八十一个小格，每个小方格代表一天。从冬至日起，每过一天，便在一个小方格里用色彩、符号或文字注明天气的阴晴雨雪，每填满九个小格，就过了一个九，填完八十一个小格就出九了。这种图形版本的九九消寒图简单易行。它实际上是一幅当年冬季的气象实录图，既有游戏趣味，又有科学记录融入其中，所以明清两代在民间广为流传。

九九消寒图还有采用画梅花九朵的形式（图10-4），也称作"画九"。元代杨允孚《滦京杂咏》卷下："试数窗间九九图，馀寒消尽暖回初。梅花点徧无馀白，看到今朝是杏株。"明代刘侗于奕正《帝京景物略·春场》载："冬至日，画素梅一枝，为瓣八十有一。日染一瓣，瓣尽而九九出，则春深矣，曰九九消寒图"。也就是在白纸上绘制九枝寒梅，每枝九朵。一枝对应一九，一朵对应一天，每天根据天气实况用特定的颜色填充一朵梅花，在寒梅图的一侧常常写有"试看图中梅黑黑，自然窗外草青青"。

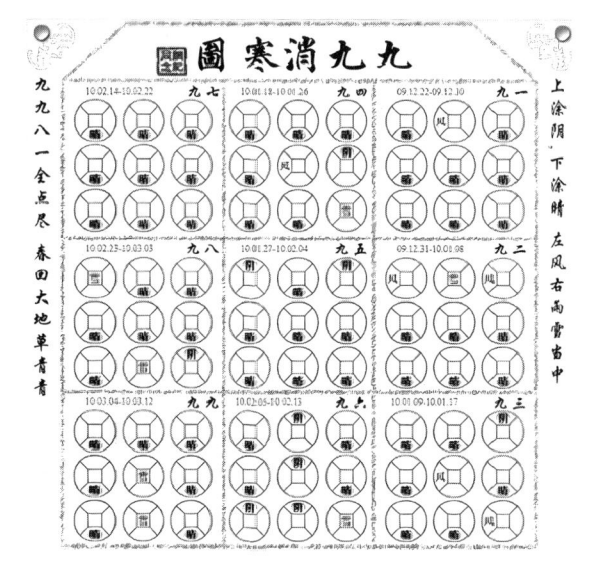

图10-3　九九消寒图（圆圈）　　　　图10-4　九九消寒图（梅花）

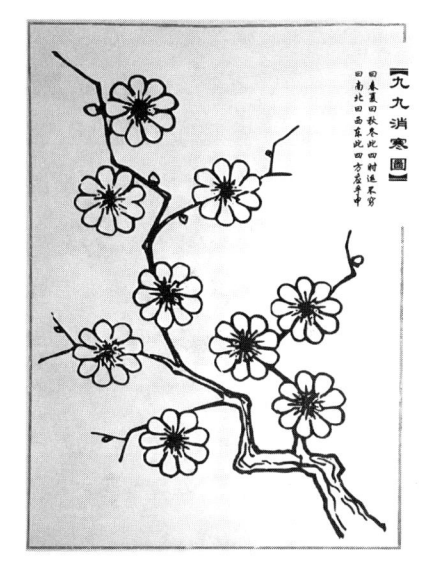

探究九九消寒图出现的原因，主要有：第一，这是农业生产需要之举。古代由于受科技发展的限制，没有为农业生产的专业气象服务，因此人们通过记载冬九九当中阴、晴、雨、雪以及各种天象的变化，用来应验谚语，预卜来年丰歉。第二，寓教于乐之举。通过该图可对幼童进行识字、写字和历史知识、自然常识的启蒙教育。第三，娱乐、消遣之举。九九消寒图实为高雅的文字、画图游戏，在文化娱乐生活相对比较贫乏的古代，和灯谜、酒令、对联等有着异曲同工之妙，便自然而然成为文人墨客、富足之家的一种娱乐消遣之举。第四，熬寒无奈之举。在日历远未普及的年代，千里冰封、寒风凛冽的冬天也是穷苦百姓最难熬的日子，九九消寒图的画九、写九也透露了冬闲中广大百姓熬冬盼春的几分无奈。

二、冰嬉

冰嬉，也称冰戏，是我国古代对冰上娱乐活动的泛称，在我国北方民间比较盛行。

冰嬉既是娱乐竞技活动，也是一项军事操练。其由来已早，至迟在宋代就有了"冰嬉"的明确记载。据《宋史·礼志》记载，当时的皇帝就喜欢冰上的娱乐活动，在后苑里"观花，作冰嬉"。明朝时，冰嬉被列为宫廷体育活动。明末，努尔哈赤已有擅长滑冰的军队。清朝是中国古代冰嬉发展的黄金时代，这与统治清朝的满族人的风俗习惯有直接的关系。冰嬉是清代宫中流行的众多冰上活动的统称。清代，由东北到关内，从宫廷到民间，冰嬉大为盛行，故有"国俗"之称。于敏中在《日下旧闻考》卷二十一《国朝宫室》中曰："（西苑太液池）冬月则陈冰嬉，习劳行赏，以简武事而修国俗。"当时冰嬉规模之大，参加人员之多，前无类例。据《清朝文献通考》卷一百七十五《乐考二十一》记载："每岁十月咨取八旗及前锋统领、护军统领等处，每旗照定数各挑选善走冰者二百名。内务府预备冰鞋、行头、弓箭、球架等项。至冬至后，驾幸瀛台等处，陈设冰嬉及较射天球等技。分兵丁二翼，每翼头目二十名，服红黄马褂，余俱服红黄齐肩褂。射球兵丁一百六十名，幼童四十名俱服马褂，背小旗，按八旗各色以次走冰较射。"由此可以推算出，参加冰嬉的人员至少在1600人以上。当时的冰嬉活动主要在西苑太液池（今北京北海）举行，有时也在中海举行。冰嬉时，"圣驾御冰床临观焉"。今北京北海漪澜堂，就是乾隆皇帝和后来的慈禧太后观赏冰戏的地方。清代民间冰嬉除了玩冰床、冰上弄球外，还有冰上滑操、花样溜冰和冰上杂戏（在冰面上表演舞龙、舞狮、跑旱船等）。

作为清朝国俗的冰嬉活动，内容十分丰富。

（一）冰嬉表演项目

在皇家举行的冰嬉活动中，开始表演的第一个项目叫"抢等"，即现代所谓的速度滑冰。清人吴振棫所撰《养吉斋丛录》卷十四记载："去上御之冰床二三里外，树大纛，众兵咸列，驾既御冰床，鸣一炮，树纛处亦鸣一炮应之，于是众兵驰而至御前，侍卫立冰上，'抢等'者驰近御坐，则牵而止之。至有先后，分头等二等，赏各有差。"有的皇帝高兴时还写诗抒兴，如清宣宗观一次冰嬉后作诗云："爆竹如雷殷，池冰如砥平。"又云："坚冰太液境中边，翠辇行时竹爆喧"。

第二个项目是"抢球"。《养吉斋丛录》卷十四曰:"抢球,即所谓冰上手球游戏。左右队,左衣红,右即衣黄,既成列,御前侍卫以一皮球猛踢之至中队,众兵争抢,得球者复掷,则复抢焉。有此已得球,而彼复杂之者,或坠冰上,复跃起数丈又遥接之。"此项目比赛激烈,对抗性强,颇似现代的冰球比赛。

第三个项目是"转龙射球",即冰上射箭活动。"走队时,按八旗之色,以一人执小旗前导,二人执弓矢随于后。凡执旗者一二百人,执弓矢者倍之,盘旋曲折行冰上,远望之婉蜒如龙。将近御座处设旌门,上悬一球,曰'天球',下置一球,曰'地球'。转龙之队疾趋至,一射天球,一射地球,中者赏。复折而出,由原路盘曲而归其队。其最后执旗者一幼童,若以为龙尾也。"(《养吉斋丛录》卷十四)这种冰上射箭活动场面宏大,内容丰富,清高宗作赋云:"珠球一掷,虎旅纷来。思摘月兮广寒之窟,齐趋星兮白榆之街。未拂地兮上起,忽从空兮下回。突神龙之变化……"《清六朝御制诗文集·高宗(乾隆)·乐善堂诗文全集·冰嬉赋》。乾隆、道光二位皇帝曾经邀请皇太后一起临场观赛,此二朝也特别重视"冰嬉之制"。

(二)花样滑冰

乾隆时,西藏地方政府的首席噶隆,曾于乾隆五十七年(1792年)来京。他的藏文名著《多仁班智达传》中记载了当时北京清皇宫内举行的一次滑冰表演的情况。根据他记载的藏文翻译成汉文是这样的:"皇上(乾隆)清早去观看跑冰。滑冰场位于白伞寺北面一大湖上。湖面冰平如镜。到了湖边,圣上改乘一辆大轿辇,由人力缓缓牵引。行至湖心,忽呼四面爆竹齐鸣。随着响声,但见身着彩服,头戴花冠的百多人飞一般地滑行到皇上跟前跪拜行礼。彼等各个腰挂弓箭,鞋底安有形似火镰的刃片。不远处悬挂着花束。他们在冰上时而像闪电瞬间即逝,时而如鱼嬉水,跃上潜下,同时拉满强弓瞄准高悬的花束依次射去。每当射中,花束中自然响起一串鞭炮声,令人惊叹不已。"这种场景,在乾隆初年张为邦和姚文翰合画的《紫光阁赐宴图》中有充分的展现。画面上呈现的花样滑冰动作有金鸡独立、哪吒闹海、双飞燕、千斤坠、大蝎子等。除此之外,还有杂技滑冰,以及缘竿、盘杠、飞叉、耍刀、使棒、弄幡等。

清代校阅八旗滑冰主要有两种方式。一种是用"官尚子"八式,即初手式、小幌荡式、大幌荡式、扁弯子式、大弯子式、大外刃式、跑冰式、背手跑冰式。另一种是在滑冰的同时还要表演各种花样和杂技,这种滑冰形式又称"走冰"。在这两种形式的滑冰中,第一种"官尚子"八式是具有竞技性的活动。潘荣陛在《帝京岁时纪胜》说:"冰上滑擦者,所著之履皆有铁齿,流行冰上,如星驰电掣,争先夺标取胜,名曰溜冰。"其中"争先夺标取胜"一句,说明了它激烈的竞争性。

三、拖床

《燕京岁时记》记载了冰上活动：拖床。

拖床，即冰床。对拖床的描述："冬至以后，水泽腹坚，则十刹海、护城河、二闸等处皆有冰床。一人拖之，其行甚速。长约五尺，宽约三尺，以木为之，脚有铁条，可坐三四人。雪晴日暖之际，如行玉壶中，亦快事也。至立春以后，则不可乘，乘则甚危，有陷入冰窟者，而拖者逃矣。近日王公大臣之有恩命者，亦准于西苑门内乘坐拖床，床甚华美，上有宀（缺字，有人推测为'盖'）如车篷，可避风雪。"《帝京岁时纪胜》中描述了冰床活动："太液池之五龙亭前，中海之水云榭前，寒冬冰冻，以木作床，下镶钢条，一人在前引绳，可坐三四人，行冰如飞，名曰拖床。积雪残云，景更如画。

四、冰上蹴鞠、高台滑冰

冰上蹴鞠、高台滑冰曾是当时冰嬉的项目。

据《帝京岁时纪胜》中"蹙鞠"条记载："金海冰上做蹙鞠之戏，每队数十人，各有统领，分位而立，以革为球，掷于空中，俟其将坠，群起而争之，以得者为胜。或此队之人将得，则彼队之人蹴之令远。欢腾驰逐，以便捷勇敢为能。将士用以习武。昔黄帝作蹙鞠之戏以练武，盖取遗意焉。"冰上蹴鞠就如同今天的冰球运动。所不同的是参赛双方队员手不持球杆，用手用脚都可触球。球是皮做的、充气，双方以将球抢得为胜。东岩居士在《帝京岁时纪胜补笺》里指出："冰上蹴鞠，皇帝亦观之，盖尚武也。武备院备侍卫护军人员皆须习此，文人无习此者。"

高台滑冰，当时也称"打滑挞"。"先汲水浇地使冰，遂成冰山，高三四丈，莹滑无比。乃使勇健兵著带毛猪皮履，其滑更甚，自其颠挺立而下，以到地不仆者为胜。"

参考文献

［1］吕壮. 西京杂记译注［M］. 上海：上海三联书店，2018.

［2］班固. 汉书［M］. 北京：中华书局，2012.

［3］周密，朱廷焕. 武林旧事［M］. 谢永芳，注评. 郑州：中州古籍出版社，2019.

［4］宗懔. 荆楚岁时记［M］. 北京：中华书局，2018.

［5］潘荣陛，富察敦崇. 帝京岁时纪胜·燕京岁时记［M］. 北京：北京古籍出版社，1981.

［6］章惠康. 后汉书：文白对照［M］. 北京：华夏出版社，2012.

［7］孟元老. 东京梦华录［M］. 北京：中国书店，2019.

［8］吴自牧. 梦粱录［M］. 符均，张社国，校注. 西安：三秦出版社，2004.

［9］顾禄. 清嘉录［M］. 王密林，韩育生，译. 南京：江苏凤凰文艺出版社，2019.

［10］任海. 中国古代体育［M］. 北京：中国国际广播出版社，2011.

［11］胡朴安. 中华全国风俗志［M］. 上海：上海科学技术文献出版社，2011.

［12］陈元靓. 岁时广记［M］. 许逸民，点校. 北京：中华书局，2020.

［13］王宏凯. 中国古代游艺［M］. 北京：中国国际广播出版社，2010.

内容提要

本书以中华民族传统节日活动为载体，研究了传统节日民俗及节日民俗体育活动产生的背景、发展途径及演进变化过程，探索了节日民俗体育活动的内容及其表现形式，分析了中华民族节日民俗体育活动的文化内涵，力图全方位、多角度地呈现中华民族节日传统体育的全貌。

本书既适用于体育学科的教师和学生，也可作为民族传统文化及非物质文化遗产学者学习、研究的参考资料。

图书在版编目（CIP）数据

中华民族节日民俗体育 / 于兆杰, 于辰宜编著. --北京：中国纺织出版社有限公司, 2025.6. --（中国体育文化丛书）. -- ISBN 978-7-5229-2366-6

Ⅰ. K892.1; G852.9

中国国家版本馆 CIP 数据核字第 2024BX3315 号

责任编辑：李春奕　责任校对：高　涵　责任印制：王艳丽

中国纺织出版社有限公司出版发行
地址：北京市朝阳区百子湾东里A407号楼　邮政编码：100124
销售电话：010—67004422　传真：010—87155801
http://www.c-textilep.com
中国纺织出版社天猫旗舰店
官方微博 http://weibo.com/2119887771
三河市宏盛印务有限公司印刷　各地新华书店经销
2025年6月第1版第1次印刷
开本：787×1092　1/16　印张：9
字数：175千字　定价：69.80元

凡购本书，如有缺页、倒页、脱页，由本社图书营销中心调换